Raymond Bernard GOUDJO

# AVEC MAMAN VIERGE MARIE, ELEVONS NOTRE COEUR

Raymond Bernard GOUDJO

# AVEC MAMAN VIERGE MARIE, ELEVONS NOTRE COEUR

## Chemin d'intériorité et d'appel à l'intériorité

Éditions Croix du Salut

**Imprint**
Any brand names and product names mentioned in this book are subject to trademark, brand or patent protection and are trademarks or registered trademarks of their respective holders. The use of brand names, product names, common names, trade names, product descriptions etc. even without a particular marking in this work is in no way to be construed to mean that such names may be regarded as unrestricted in respect of trademark and brand protection legislation and could thus be used by anyone.

Cover image: Fourni par l'auteur

Publisher:
Éditions Croix du Salut
is a trademark of
Dodo Books Indian Ocean Ltd., member of the OmniScriptum S.R.L Publishing group
str. A.Russo 15, of. 61, Chisinau-2068, Republic of Moldova Europe
Printed at: see last page
**ISBN: 978-620-3-84180-0**

1

# AVEC MAMAN VIERGE MARIE, ELEVONS NOTRE CŒUR !

Chemin d'intériorité et d'appel à l'intériorité

Raymond Bernard GOUDJO

## Avant-propos

***Avec maman Vierge Marie, élevons notre cœur*** est le fruit d'une méditation personnelle pour approfondir l'intime proximité de Jésus-Christ avec sa maman. J'emploie le terme « Maman » dans le sens ou Jésus-Christ a employé « Abba » ou « Papa » pour appeler son « Père » et « Notre Père des cieux ». Cette puissance affective et d'intimité qui faisait de leurs échanges silencieux une intensité de communion et d'oblation réciproque.

Les évangiles ne nous présentent pas Jésus accolé à sa maman, ni sa maman fusionnée à lui. Mais nous y découvrons dans le réel de leurs relations une profonde communauté de vie empreinte de totale liberté et de distinction de la mission propre à l'un et à l'autre. Bien comprise, la liberté se saisit, non pas comme un libre arbitre ou une capacité de choix par soi-même et sans contrainte, mais comme « pouvoir de se donner et de transformer ainsi une existence subie en une existence offerte à laquelle l'amour confère réellement une nouvelle origine. » (Maurice Zundel)

Dans la célébration quotidienne de l'eucharistie, l'expression « Elevons notre cœur » me paraissait être comme une simple transition pour introduire la préface eucharistique puis dire les paroles de consécration sur le pain et le vin pour en faire la substance du Corps et du Sang du Christ. Petit-à-petit, je traduisais imparfaitement cette expression par « Prends de la hauteur », c'est-à-dire, sans être hautain, faire l'effort de monter à la hauteur de Dieu pour être en mesure de dire et d'accueillir les paroles sacrées de la consécration eucharistique.

L'effort de monter vers Dieu... Quelle prétention ! Heureusement que ma toute petite dévotion mariale quotidienne m'a conduit à faire comme par enchantement le lien entre l'élévation du cœur et le fiat de Maman Vierge Marie, « Je suis la servante du Seigneur » (cf. Lc 1, 38). Enfin, me suis-je dit : voici l'élévation du cœur auquel le prêtre invite tout le peuple de Dieu en s'y invitant lui-même aussi : prendre l'attitude réceptive de Maman Vierge Marie en se faisant « tout-accueil » de Dieu lui-même dans toute sa dignité trinitaire. Par son élévation du cœur, par son attitude d'esclave du Seigneur, Maman Vierge Marie est désormais dite bienheureuse de génération en génération (cf. Lc 1, 48). Maman Vierge Marie reçoit et accueille désormais sa liberté comme une existence offerte à la volonté de Dieu et dévouée à la Charité du Christ.

J'étais à ce niveau de méditation quand la Congrégation des sœurs de sainte Marcelline résidant à Montréal me demanda de lui prêcher une retraite en lien avec son charisme fondamental : Contemplation et action (dont le cœur est l'éducation).

En commençant à chercher par quel bout, sans trop théologiser encore moins philosopher, visiter la contemplation et l'action, mon cœur a été simplement dirigé vers Maman Vierge Marie qui nous met à l'école de l'élévation de nos personnes respectives dans le mystère joyeux du rosaire quotidien. Les sœurs de sainte Marcelline ont surtout une vocation centrée sur la contemplation et l'action de Jésus Christ, à la manière de Marthe et Marie. Maman Vierge Marie m'offre de ramener ces deux figures évangéliques en une seule : son amour contemplatif pour son fils et son audace à pousser Jésus à manifester sa gloire. Je pouvais donc parler simplement à des amies de Jésus Christ en empruntant ce sentier quotidien de spiritualité mariale qui ne leur est pas du tout étranger.

Le plan était tout tracé : pour une retraite de cinq jours pleins, les cinq mystères joyeux rythmeront ces quotidiens de recueillement, de silence et de rencontre du cœur à cœur.

Je tiens à saluer et à remercier beaucoup de chrétiens. D'abord des chrétiens défunts, dont mes propres parents défunts qui depuis le berceau ont soumis leurs enfants au rythme de la prière quotidienne (matin, midi et soir). En ces temps-là, je n'y comprenais rien ; aujourd'hui je vis naturellement de ce rythme. Je n'oublie pas les Evêques et prêtres défunts et de nombreux autres laïcs défunts qui m'ont instruit simplement par leur vie au goût de l'intériorité, de la simplicité et de la charité. Ensuite les nombreux chrétiens avec moi en pèlerinage qui m'ont permis, que ces rencontres aient été heureuses ou malheureuses, d'approfondir le cœur assoiffé de toute personne qui languit après l'eau vive (cf. Ps 42 [41], 2). Il y a ceux qui sont d'une constante amitié et générosité avec moi pour ma croissance spirituelle, ecclésiale et humaine. Je ne veux nommer personne pour respecter le devoir de discrétion qui m'est imposé, mais ces pèlerins du Christ se reconnaissent déjà dans ces lignes. Ensemble nous continuons d'élever notre cœur vers le Seigneur.

Sœur Maria Angela a accepté de préfacer cet opuscule. Ancienne supérieure générale de sœurs de sainte Marcelline, elle n'a jamais manqué d'être pour moi comme dirait Jésus, une mère, une sœur et une amie, tout simplement parce que nous nous accordions à vivre notre vocation respective dans l'écoute et l'accomplissement de la Parole de Dieu.

Au départ, je ne voulais publier cet opuscule qu'au Bénin pour un public bien limité puis distribuer quelques exemplaires aux sœurs de sainte Marcelline. Mais ceux qui ont eu la chance de lire cette méditation, m'ont conseillé de viser plus loin que ma patrie en en faisant une plus large diffusion. Aussi ai-je pris l'initiative de l'envoyer aux Editions Universitaires Européennes qui ont déjà publié en première puis en deuxième édition revue et corrigée « LE VRAI VISAGE DU CHRIST ». La présente publication en est comme le prolongement d'une méditation sur Jésus Christ en lien plus intime avec sa mère, Maman Vierge Marie.

Mon souhait, c'est que cet opuscule ne soit pas un simple livre de lecture, mais un booster de la dévotion eucharistique et mariale du chrétien.

Paix et bien dans le Christ.

Raymond Bernard GOUDJO

## Préface

Avant tout un grand merci au Père Raymond Goudjo qui m'a demandé au nom d'une longue amitié de préfacer sa nouvelle publication qui servira de support à la retraite qu'il prêchera à nos sœurs de Sainte Marcelline vivant à Montréal au Canada.

Dès 2003, le Père Raymond nous a encouragées à donner vie à notre œuvre éducative au Bénin en nous accompagnant par ses prières et son amitié, et en nous prodiguant ses conseils pour notre installation dans le village de Glo Yekon dans l'archidiocèse de Cotonou au Bénin. Petit à petit, le complexe scolaire Sainte Marcelline est devenu une réalité dans le paysage du Bénin. Ce que nous retenons du Père Raymond, c'est sa capacité à mener des actions sociales simples, discrètes et fortes sans jamais oublier qu'il est prêtre, c'est-à-dire un serviteur de la parole qui met l'eucharistie au cœur de sa vie.

La première retraite qu'il aura à donner dans notre Congrégation de sainte Marcelline aura lieu au Collège qui a soutenu et qui soutient notre mission éducative au Bénin : comment ne pas y voir l'action de la providence ? J'ai bien conscience qu'il aidera nos sœurs à vivre un temps fort de rencontre et d'intimité avec Jésus-Christ, et qu'à la fin de ce temps silencieux de prière et d'instruction, le zèle de la maison du Père enflammera et renouvellera nos sœurs dans leur apostolat.

Quelle belle alliance entre le Bénin et le Canada, une alliance qui nous rappelle le pacte d'alliance entre Dieu et l'homme. Toute Retraite est un moment privilégié pour renforcer notre lien nuptial avec le Seigneur. Pendant ces journées d'écoute et de dialogue avec Jésus, nous apprendrons à élever avec Maman Marie notre cœur vers le Seigneur. Ce mot affectif de « Maman » qui remplace l'article « la » est original pour nous, fils et filles de l'Occident, mais propre aux expressions des langues africaines. La Vierge Marie est en fait ma Vierge Marie à moi, donc ma maman. Affectivité et proximité, quelle belle leçon !

Marie, la mère de Jésus, a vécu cœur à cœur avec son fils ; sa vie quotidienne, sa pensée, ses paroles sont le miroir de la vie de son fils. A travers une relecture particulière du mystère joyeux en lien avec l'eucharistie, nous découvrons Marie qui a eu le privilège non seulement de vivre en profondeur la Parole, mais de l'engendrer et de l'éduquer. En

apprenant à mieux connaître la Vierge Marie nous serons en mesure de mieux imiter son Fils et d'en être ses vrais témoins.
Le Père Raymond vous invite à contempler le Christ à travers Marie, exemple pour tous les disciples, Marie qui nous aide à dire comme son Fils : « Voici, je viens pour faire Dieu ta volonté » (He 10).
Marie va ouvrir le cœur à une profonde écoute et l'écoute de la Parole est la source d'un concret discernement pour « quitter soi-même » et vivre en vérité le sacrement du Baptême.
Remercions le Père Raymond ; il nous rappelle la fidélité à notre vie consacrée, à notre mission, à notre vie chrétienne qui témoigne de notre appartenance au Christ.

Sœur Maria-Angela AGOSTONI
Ancienne Supérieure Générale
Des Soeurs de Sainte Marcelline

Le moment le plus attendu pendant la célébration eucharistique, ce n'est pas la très belle homélie déclamée avec emphase et art de la prédication. La liturgie de la Parole suivie d'une bonne et profonde prédication est nécessaire, et il est important de ne pas la négliger. Car pendant que nous écoutons puis approfondissons la Parole de Dieu, nous nous préparons à une rencontre toute particulière, une rencontre qui engage personnellement chaque fidèle. C'est un cœur-à-cœur personnel avec Jésus-Christ. Le sommet de la célébration eucharistique, c'est la Consécration, lorsque la Parole se fait chair pour devenir Présence réelle ; c'est l'instant où Jésus se fait Présence dans les éléments les plus usuels, faibles et pauvres, paradoxalement essentiels de la vie humaine : le pain et le vin. « Père, Donne-nous notre pain de chaque jour ». Jésus se fait substance pour devenir notre subsistance. Pendant qu'il est présent à nous, il nous invite aussi à être présent à Lui ; là se trouve notre vocation à la contemplation, au vis-à-vis avec le Christ : Vivre avec Jésus dans son Temple, vivre dans l'Esprit Saint pour devenir à notre tour le temple appartenant à l'Esprit Saint dans lequel Jésus y fait constamment sa demeure. Il vient, et dans chaque fidèle il est dans son « chez-lui », son domicile. Mais notre cœur et toute notre personne se disposent-ils à le recevoir dans notre étable de chair pour qu'il repose dans notre humus, le berceau de l'humain (cf. Jn 1, 9-14) ? Jésus est toujours prêt à fuguer, à se cacher en nous et à entreprendre la discusssion, pour que nous demeurions maison de son Père (cf. Lc 2, 49). Cette rencontre discrète, paisible et intime se ressent profondément au moment où après la liturgie de la Parole, nous accédons à la liturgie de l'Eucharistie. Alors de nos propres yeux nous voyons ce que nous avons entendu de nos propres oreilles, et même sans se laisser retenir Jésus se laisse toucher dans les œuvres merveilleuses qu'il réalise en chacun, en son Eglise et dans le monde (Cf. 1 Jn 1, 1-4).

A chaque célébration eucharistique et au moment de la préface eucharistique, le prêtre engage avec les fidèles un très court dialogue. Peut-être à force de l'entendre, cet échange pourrait passer inaperçu parce qu'inséré dans l'inconscient de nos habitudes routinières. Ce dialogue, c'est l'appel que voici :

« V/ Le Seigneur soit avec vous !

R/ Et avec votre esprit.

V/ Elevons notre cœur !

R/ Nous le tournons vers le Seigneur.

V/ Rendons grâce au Seigneur notre Dieu !

R/ Cela est juste et bon. »

Il pourrait s'apparenter à des propos courtois entre le prêtre et les fidèles présents à la messe. Mais en réalité, c'est un véritable dialogue entre Jésus-Christ et tout le peuple des croyants. Le subjonctif employé par le prêtre n'est ni un souhait encore moins un conditionnel ; ce subjonctif est affirmation d'une présence permanente de Dieu avec nous, de Dieu en nous, de Dieu vivant pour nous. Puisque le Seigneur est avec nous, il nous faut sentir sa présence par un geste d'élévation du cœur, c'est-à-dire faire acte de contemplation et d'adoration. Que signifie faire dos ou bien tourner le dos à celui qui nous est présent ? N'est-ce pas lui afficher notre désintérêt, voire notre mépris ? En nous tournant vers le Seigneur, ne désirons-nous pas aussi nous offrir comme présence à l'Hôte Présent ? Dans l'Apocalypse de Jean, Jésus dit se tenir à notre porte et à frapper constamment pour qu'elle lui soit ouverte. Qui entend sa voix et ouvre ses portes - il s'agit des portes de tout notre cœur, de toute notre âme, de tout notre esprit, de toute notre force et de toute notre relation à autrui (cf. Mc 12, 30-31) -, Jésus entre dans un chez-lui, son domicile, pour partager le repas, « Moi près de lui et lui près de Moi » (cf. Ap 3, 20). Pour s'élever, il faut regarder vers Celui qui est capable de nous élever. Comme pour se corrompre et tomber bas, voire très bas, il faudrait passer son temps à se nourrir d'images malsaines. A force de nous complaire à visualiser du pornographique et à accepter de nous laisser agresser par des affiches publicitaires tendancieuses, ne ramenons-nous pas notre cœur et notre pensée au relativisme du vice ? Mais à force de contempler la croix, de chercher à approfondir le mystère caché et révélé, notre cœur ne s'élève-t-il pas aux vertus du Christ, au Christ lui-même ? « Ils élèveront leur regard vers Celui qu'ils ont transpercé » (cf. Jn 19, 37).

« L'élévation du cœur… » ne s'arrête pas à la fin de la liturgie eucharistique. L'Eucharistie est « Célébration du devenir »[1], c'est-à-dire qu'elle

[1] Cf. Raymond B. Goudjo, Eucharistie, célébration du devenir. Vers une culture de la communion pour une civilisation de la fraternité. Cotonou, 2002.

résume en peu de mots et gestes notre quotidien au fil des jours. Nous saisissons que l'élévation du cœur est essentielle à toute relation à autrui, aux diverses rencontres quotidiennes.

Je voudrais ici porter témoignage de la Présence qui nous entraîne à aimer, à apprendre à aimer, à ne jamais cesser d'aimer alors que nous croyons détenir des arguments et des motifs de colère, d'amertume, de rancœur, de vengeance, de haine et de méchanceté. Comme il est facile de perdre ses repères, si l'élévation du cœur n'allait pas bien au-delà de la prise intellectuelle et psychologique de la hauteur et du politiquement « au-dessus de la mêlée ». Je demeure profondément remué par l'exhortation de Maurice Zundel qui invite à constamment passer du moins-être au plus-être, une démarche personnelle de rencontre candide du bien en l'homme et en toute chose malgré les bourrasques et les vents contraires qui incitent pessimisme relationnel : « Il ne faut pas mépriser les choses, mais les élever… Il ne faut pas violenter le corps, mais le faire participer aux élans de l'esprit… Il ne faut pas piétiner les créatures, mais les aimer, les aimer infiniment comme Dieu les aime, les aimer gratuitement, les aimer comme le don de sa tendresse pour les lui offrir toutes chargées de notre gratitude et de notre admiration. »

Mon expérience personnelle de l'élévation du cœur se vit au cœur du rosaire et particulièrement quand je prie le mystère joyeux. Maman Vierge Marie chemine pas à pas avec l'humanité en lui faisant gravir les marches de l'Amour, au sens du don reçu puis donné que nous sommes appelés à devenir.

Il m'est longtemps arrivé de réciter mon chapelet en m'ennuyant et baillant énormément. J'avais hâte d'en finir et de passer à autre chose. Plus mon attention était retenue par les grains qui s'écoulaient lentement plus le temps me semblait interminable. Pourtant, jamais je ne dépassais les 30 minutes pour réciter un mystère. Quand une chose nous ennuie, elle crée en nous lassitude, paresse puis abandon. Heureusement, ces abandons étaient de courte durée, car la petite voix de Maman Vierge Marie disait avec insistance : « Tu dois faire la vaisselle et tu dois finir de faire correctement toute la vaisselle avant de t'arrêter ». A contre cœur, je reprenais parce qu'il m'est impossible de désobéir longtemps à ma Maman. A la fin du chapelet quotidien, je ne me reprochais jamais mes ennuis et paresses passées, mais je me sentais toujours très heureux d'avoir fini encore une fois avec « cette vaisselle mystique ». Ma Maman est toujours aux commandes. Un ami, prêtre, répète infatigablement pendant ses émissions spirituelles : « La Vierge Marie en est capable ». Et serait-ce trop d'ajouter : « Heureusement qu'elle en est capable ! Ainsi sommes-nous en chemin, avec elle, dans la bonne, la très bonne direction ».

Le philosophe disait que le hasard fait bien les choses. A mon tour de croire que la routine fait bien les choses. Car de routine en routine, l'habitude de dire mon chapelet s'est installée non plus comme une obligation, mais comme une rencontre d'amour, un moment de prière avec Maman qui m'apprend à vivre la relation avec son Fils et de vertu de foi, d'espérance et de charité avec tout un chacun.

## I. L'élévation du cœur, une disponibilité totale du servant

Au tout début, sans réfléchir autrement, je disais : « Premier mystère joyeux : l'annonciation. Fruit du mystère : Je suis la servante du Seigneur que tout se passe pour moi selon sa Parole. » Ensuite suivait le « Notre Père... » et le flot des « Je vous salue Marie... » Et quel premier soulagement arrivé au « Gloire au Père... » ! Et puis, petit à petit s'est installé en moi le désir d'approfondir le sens du mot « servante » et de ses implications. Très vite, je me suis rendu compte que je disais à la légère des paroles remplies de gravité.

Quand Maman Vierge Marie a prononcé ces paroles de disponibilité totale à Dieu, n'a-t-elle pas été mise aussitôt en situation de mission ? Mieux, après la naissance du Christ, elle a reçu une promesse prophétique : Ton cœur sera transpercé par un glaive. Reprendre après ma Maman Vierge Marie les mêmes paroles qu'elle : « Je suis la servante du Seigneur. Que tout se passe pour moi selon Sa Parole », est une mise en route et non pas un repos prélassant et endormi. Quel est donc le vrai repos de

Dieu ? Je ne saurai répondre dans l'immédiat, mais au fil de cette méditation, je crois que tout s'éclairera.

Je constate qu'après avoir accueilli l'annonce de la Vie en elle, Maman Vierge Marie a compris sa mission, celle d'être présente au prochain, c'est-à-dire aux autres, aux personnes qui ont le plus besoin de sa présence. Elisabeth sa cousine en est le symbole : proximité familiale et proximité d'état. A un âge bien avancé, elle attend de donner naissance à Jean le Baptiste, le Précurseur. Elle en est même à son sixième mois. Maman Vierge Marie qui vient de recevoir de garder en son sein la Vie par excellence, doit-elle s'étonner du fait que rien n'est impossible à Dieu, s'extasier puis se reposer en regardant son cocon de nombril prendre de l'espace au fur et à mesure que se développerait le fœtus-Jésus en elle ? Le propre de la Vie n'est-elle pas d'être en perpétuel mouvement ? Que dis-je ? En éternel mouvement ? Car il s'agit bien de la Vie, donc de l'éternité de Dieu en elle.

Dans l'Apocalypse de Jean, le témoin des Révélations est invité à manger le « le petit livre ». Alors qu'il le consomme, il en était tout joyeux de mâcher et d'avaler une parole aussi succulente que du miel, mais voici que le temps de la digestion, de l'approfondissement du petit livre, le ramène à la réalité : l'amertume secrétée par la vésicule biliaire se révèle essentielle pour éviter les risques du mauvais transit et de l'indigestion. Les contradictions internes à soi-même et externes dans la relation aux autres, nous font prendre conscience de la gravité de la mission et de tout le sacrifice nécessaire, de l'oblation qui s'impose. Et pour fuir la mission, il nous faut nous plaindre de maux de vendre, de malaises gastriques sévères, d'alitement. Mais en accueillant si petit soit-il le Verbe-fait-chair, tel que la Vierge accueille le fœtus-Jésus, se profile une joie abyssale qui ne peut gommer et effacer la douleur de l'enfantement : le portement de la croix. C'est justement à ce moment que les amertumes multiples lancinent à désorienter qu'il est signifié au témoin son obligation de se mettre à nouveau en route pour continuer l'Annonce : « Il te faut… » (cf. Ap 10, 9-11). En mangeant rien qu'une nano-portion de la Parole, le servant se livre à Dieu qui le livre à la Parole qui l'envoie. Mystère de la génération du fils par le Père et de la filiation du Fils au Père.

Puisqu'elle est servante, Maman Vierge Marie bouge, elle prend la route en dépit de l'enfantement prochain, car la servante n'a pas du temps pour elle-même, elle n'a d'yeux que pour son maître et pour la mission à elle confiée. Elle met en pratique l'acte du service pour ne pas être une cymbale résonnante, un tonneau vide, du sonnant creux.

Quand j'accepte à l'invitation de Jésus-Christ le service du sacerdoce ministériel, l'oblation de la vie religieuse ou le dévouement du laïcat engagé, ce sont bien les mêmes mots que Maman Vierge Marie que je répète de façon consciente même si je ne ressens pas dans l'immédiat le sens et la portée réels de mon engagement : « Je suis la servante du Seigneur. Que tout se passe pour moi selon Sa Parole ». Pourquoi devrai-je alors me plaindre de la suite, c'est-à-dire de ce qui est attendu du servant, autrement dit de l'esclave ?

Certes, le substantif « esclave » est aujourd'hui mal reçu, car l'histoire passée et présente nous rend sensiblement frileux à ce terme. Dans la compréhension actuelle, l'esclavage sous toutes ses formes blesse la dignité de la personne et porte directement atteinte à la Vie divine en nous. Jamais, nul ne peut partir de préjugés de l'esprit - soit spirituels, soit psychiques, soit physiques - pour traiter une personne humaine de quelconque, de moins que rien. Dire à quelqu'un qu'il est un esclave est d'abord une très grave injure, le traiter ensuite comme tel est un crime contre l'humanité. Jésus ne dit pas le contraire, car rien que pour une insulte offensante nous sommes passibles de géhenne et du feu (cf. Mt 5, 22). Notre sensibilité actuelle à l'écologie, c'est-à-dire à la protection radicale de toutes les espèces vivantes et à leurs environnements, devrait nous rendre encore beaucoup plus sensibles au bien de la personne humaine. L'homme et la femme ne sont pas de simples espèces zoologiques, mais une nature créée à l'image et ressemblance de Dieu, une capacité de Dieu ; et ils doivent être vus, considérés et traités comme tels. Pris dans le réel mouvement de la conversion du cœur, l'homme et la femme ont pour intime vocation de révéler au présent la gloire de Dieu.

Par le fait de la dépendance mutuelle, le service pour l'autre s'impose comme une réalité incontournable. Beaucoup s'accorderont avec moi sur ce point en ajoutant des bémols comme : Pas jusqu'à l'exploitation de sa personne, jusqu'à son avilissement. Il faut savoir dire non pour préserver sa personne, et surtout sa dignité. Il n'est pas possible de faire du bien à tout le monde ou encore, il est impossible d'être bon avec tous. C'est assurément vrai au regard de notre nature limitée et de nos moyens circonscrits. Mais au regard de la dilatation du cœur qui apprend à aimer en se donnant, la générosité de Dieu en soi ne subit aucune frontière. D'une patience infinie et d'une tendresse insaisissable, cette générosité divine épuise l'éternité. Blaise Pascal nous a légué cet heureux aphorisme : « L'homme passe infiniment l'homme », autrement dit, il ne peut se saisir en profondeur qu'en rapport avec l'éternité divine, le don de Vie en lui.

Dans les faits, la vie est un combat de très rare violence. A force de les vivre et aussi de les subir, ces violences sont comme ignorées et vécues tels des habitus. Tout ce qui fait ma vie biologique, psychique et spirituelle passe par de nombreux acquis et renoncements. Par exemple, pour maintenir une certaine qualité de vie, il me faut en permanence lutter contre les agressions virales, bactériologiques et microbiennes de toutes sortes en ayant une bonne hygiène corporelle, alimentaire, et psychique. Rien qu'une protéine dite coronavirus, de son nom scientifique SARS/CoV-2 ou populaire COVID-19, a plongé une multitude de personnes qui se pensaient déjà surhommes, hommes augmentés, dans une violente tourmente et psychose : la peur de la mort, le fait subit de n'être que poussière[2], la conscience de notre finitude.

Il me faut aussi user de violence sur certains animaux et certaines plantes ayant des vertus comestibles et médicinales pour renforcer mes défenses immunitaires, ma santé. Il me faut aussi créer un habitat qui revêt à la fois un caractère social (l'Etat, la cité et la campagne) et un caractère personnel (le chez-soi familial, communautaire et l'ermitage). Sans souvent nous en rendre compte et malgré notre désir de protéger le faible ou le moins outillé, nous développons une certaine douce rage économique pour gagner le pain quotidien et même faire des bénéfices. A y regarder de près, nos violences

---

[2] Les urnes funéraires contenant les cendres de milliers de personnes incinérées pêle-mêle et auxquelles sont attribuées une identité aléatoire pour répondre à un besoin d'éternité mal exprimé des vivants.

sociales ou personnelles touchent à la survie de l'espèce et de mon espèce, des miens et de mon individualité. Communément nous disons que la vie est un combat et qu'il faut avoir de nombreuses capacités d'endurances et aussi d'astuces pour mener à bien ce combat. Un combat que devrait gagner le corps social et que devrait perdre à coup sûr l'individu esseulé. En effet, à sa mort, l'individu ne survit que dans un corps social : une famille, une communauté, une société, un Etat. La survie de l'espèce humaine se focalise par la peur du manque et par le besoin de faire des réserves pour se préserver des mauvais jours. Et je crois que le sens de l'économie, c'est l'art de la bonne gestion des biens de l'espace commun. La bonne gestion suppose le sens du service bien rendu pour canaliser au mieux nos violences multiples, éparses et constantes.

Les services que nous rendons en famille, en communauté et en société supposent des puissances d'abnégation allant jusqu'à la totale oblation, c'est-à-dire à la manière de l'esclave. Si être fait esclave est vraiment humiliant, se constituer esclave pour le bien le plus élevé est en fait un acte d'humilité ; c'est le degré le plus élevé de l'héroïsme selon Jésus qui s'est abaissé jusqu'à subir une mort scélératesse. L'héroïsme chrétien n'est pas du « surhumain » ou du « légendaire », l'héroïsme chrétien ne s'occupe pas de s'accrocher à sa propre dignité, mais de tenir absolument à la dignité du prochain au point de s'abaisser jusqu'à l'humiliation, mais une humilité qui prend sens dans la croix (cf. Ph 2, 6-8).

Le bien le plus élevé de Maman Vierge Marie fleurit et s'épanouit dans le tout absolu de la volonté de Dieu en elle pour le bien total de l'humanité. En se faisant esclave ou servante du Seigneur, Maman Vierge Marie refuse désormais de subir son existence ; par son offrande totale d'elle-même, son existence rencontre l'intime générosité de Dieu ; sa liberté est désormais un don reçu et donné. Elisabeth, sa cousine, ne peut que s'émerveiller devant un tel effacement, une telle démission de Maman Vierge Marie en faveur du règne de l'Amour de Dieu. Elisabeth crie alors son éblouissement : « Et comment m'est-il donné que vienne à moi la mère de mon Seigneur ? » (Cf. Lc 1, 43) Maman Vierge Marie ne se préoccupa pas non plus de son titre de Mère de « Dieu-avec-nous », mais s'abaisse dans le service explicite contenu dans son titre, car « Dieu-avec-nous » est un Dieu qui travaille le cœur de l'homme au cœur de l'humanité. Se porter volontaire ou accepter librement d'être tout ordonné à la volonté de Dieu, c'est entrer alors de plain-pied dans la charité du Christ qui se manifeste aussitôt en maman Vierge Marie par sa visite à Elisabeth, sa cousine : c'est un « Rendre visite au prochain ».

## II. L'élévation du cœur, cette Charité du Christ nous presse

L'expression paulienne, « L'amour du Christ nous presse » (2 co 5, 14) peut s'appliquer à Maman Vierge Marie. Aussitôt qu'elle a entendu le message de l'ange, elle se mit en route pour visiter sa cousine Elisabeth. Il est même précisé qu'elle se hâta. Elle aurait pu après cette même annonce se regarder, contempler son nombril en se disant plus chanceuse et plus heureuse qu'Elisabeth. N'est-elle pas en effet la Mère du sauveur ? Mère de Jésus ou « Dieu-sauve », Mère de l'Emmanuel ou « Dieu-avec-nous ». Maman Vierge Marie aurait pu ensuite s'apitoyer sur le sort d'Elisabeth, en la traitant de pauvre femme qui en plus de subir à un âge avancé les douleurs de l'enfantement, aura à éduquer un nouveau-né en son troisième-âge. Elle aurait aussi pu enfoncer le clou dans un grand semblant d'apitoiement : A cet âge si avancé, à quoi bon porter un enfant qui ne sera que précurseur ? Elle aurait pu enfin se dire la privilégiée du Seigneur en pensant au château à bâtir pour le Sauveur, car celui qu'elle attend sera appelé Fils de Dieu, donc plus qu'un fils de roi, d'où l'urgence impérieuse en remuant ciel et terre de lui bâtir au moins une citadelle. A quoi bon être comblée de grâce tout en étant matériellement absolument dépossédée ?

C'est bien aujourd'hui la tendance de transformer le message évangélique en conviction de succès matériel. La flopée des mouvements dit évangéliques même dans le catholicisme doit ouvrir nos cœurs à la prudence évangélique pour un réel discernement du sens du mot « chrétien », autrement dire « suiveur ou imitateur du Christ ». Dans « L'imitation de Jésus-Christ », l'auteur anonyme de ce livre très ancien - plus de 600 ans - prend soin dès la première page de nous mettre en garde contre le soi-disant « plein évangile du succès et de la prospérité » qui suppose que la bénédiction est manifeste quand Dieu, après la souffrance, nous comble comme le saint homme Job de richesses matérielles abondantes. Tristement piégées sont de nombreuses personnes qui vont pleines de confusion se commettre dans ce dilemme dit « évangélique », car elles en sortent généralement plus appauvries spirituellement, psychiquement et même matériellement.

« Vanité donc, d'amasser des richesses périssables et d'espérer en elles. Vanité, d'aspirer aux honneurs et de s'élever à ce qu'il y a de plus haut. Vanité, de suivre les désirs de la chair et de rechercher ce dont il faudra bientôt être rigoureusement puni. Vanité, de souhaiter une longue vie et de ne pas se soucier de bien vivre. Vanité, de ne penser qu'à la vie présente et de ne pas prévoir ce qui la suivra. Vanité, de s'attacher à ce qui passe si vite et de ne pas se hâter vers la joie qui ne finit point.

Rappelez-vous souvent cette parole du Sage : L'œil n'est pas rassasié de ce qu'il voit, ni l'oreille remplie de ce qu'elle entend. Appliquez-vous donc à détacher votre cœur de l'amour des choses visibles, pour le porter tout entier vers les invisibles, car ceux qui suivent l'attrait de leurs sens souillent leur âme et perdent la grâce de Dieu. » (L'imitation de Jésus-Christ, Livre I, 4-5)

Être comblée de grâce ne doit pas se confondre à être pourri de richesse ou de bien matériel. Si la providence nous offre à la fois grâce spirituelle et aisance matérielle, rendons grâce à Dieu. Si cependant, elle ne nous comble que de grâce spirituelle en nous laissant dans le dénuement, n'en soyons que plus heureux, car nous sommes en plein cheminement du détachement pour l'attachement au Christ total. Ce qui est sûr, toute grâce spirituelle nous prépare toujours, à un moment ou à un autre, à renoncer à nous-mêmes, à porter notre croix et à suivre le Christ. « Toute possession limite, sépare et obscurcit à moins d'être conçue comme un service et réellement ordonné au bien d'autrui » s'écriait Maurice Zundel.

Ce que Maman Vierge Marie a reçu en plénitude de grâce n'est rien d'autre qu'une possession pour le service de la Présence, Emmanuel, « Dieu-avec-nous ». En Maman Vierge Marie, l'Amour de Dieu se fait « Verbe fait chair » pour s'affranchir des frontières du « moi égoïste » vers un rayonnement étendu à l'infini du « moi oblatif », car c'est Dieu qui dans l'intime de Lui-même se dépossède totalement pour devenir une offrande à l'humanité. Le Fœtus que Maman Vierge Marie porte en elle, c'est la Charité même de Dieu. L'Amour, pourrait-il attendre de naître comme un bébé pour manifester sa vraie nature ? Aussitôt en nous, Il nous embarque dans sa course ininterrompue de présence à l'autre, de l'être-avec le prochain. La Charité du Christ est un zèle dévorant ;

elle nous possède dans une totale liberté de nous-mêmes pour nous donner totalement au prochain. La charité du Christ ne nous empêchera jamais de dire « non » à Dieu, elle ne nous y oblige pas non plus ; la charité du Christ nous presse ou nous possède par un « Je frappe à ta porte et si tu m'ouvres, j'entrerai chez toi ; et avec moi tu prendras mon repas ». Maman Vierge Marie vit cet empressement de la charité, car le bien ou l'amour se diffuse dans le silencieuse, loin des feux publicitaires et des lumières des projecteurs ; imperceptiblement et résolument, l'Amour se communique dans la faiblesse, la fragilité des personnes disponibles à Dieu, des ayant dit dans leur cœur : « Je suis servant du Seigneur, je laisse en moi sa parole en totalité se réaliser en moi ».

Le prophète Amos choisit une expression imagée pour exprimer le zèle qui dévore celui dont la Charité s'empare. Certes, en son temps, il n'en connaissait pas le terme, et le message de Dieu s'imposait comme une obligation contre laquelle il ne pouvait résister. Mais que ferait le prophète s'il n'appelait pas à l'amour de Dieu et au service du prochain ? Quand le prophète Amos s'écriait : « Le lion a rugi : qui ne craindrait ? Le Seigneur Yahvé a parlé : qui ne prophétiserait ? » (Am 3, 8), il affirmait en réalité et sans ambages que la Parole de Dieu, c'est-à-dire sa Charité, est de fait missionnaire, elle ne peut se taire et elle ne doit pas être éteinte. Le chrétien ne la reçoit et ne la vit qu'en esprit et vérité, en parole et en acte. L'Amour de Dieu nous presse et nous pousse à non seulement annoncer la charité, mais à devenir de véritables imitateurs de la charité.

Maman Vierge Marie va rendre visite à sa cousine Elisabeth, non pas par pure politesse mais parce que commise d'office à cette mission par l'Emmanuel qu'elle accepte d'accueillir en son sein. Elle a tout compris : l'Emmanuel, "Dieu-avec-nous" ne sera "Dieu-avec-elle" que dans son vécu missionnaire de la charité. Sans hésiter, elle va rendre visite à sa cousine Elisabeth. Servante du Seigneur, elle n'avait qu'un choix, celui de la charité qui se veut être présence éternelle de Dieu en tous et présence perpétuelle de soi à autrui. Chez sa cousine, maman Vierge Marie demeura environ trois mois, autrement dit jusqu'à la naissance de Jean le Baptiste. Trois mois avant l'accouchement, c'est habituellement le moment le plus pénible pour une femme dans ses activités ménagères, surtout à un âge si avancé, qui attend d'accoucher son tout premier bébé. La charité de la Vierge Marie sera présente à Elisabeth au moment où la vie en gestation doit naître, dans les phases ultimes des douleurs de l'enfantement. Que signifierait la charité si elle n'était pas naissance à une vie nouvelle, si elle n'était pas ouverture au bien le plus élevé ?

La vraie charité chrétienne ne peut se réduire à l'instruction éducative, à l'assistance sociale ou à l'aide portée à une personne dans le besoin. Le philanthrope en fait autant et le chrétien n'a rien à lui apprendre sur ce point. C'est ce que nous faisons souvent en venant régulièrement en aide aux démunis soit pécuniairement, soit en donnant un peu de notre temps pour quelque peu soulager les souffrances, ô combien, multiples de nombreuses personnes. Ce souci de l'autre nous coûte sans trop nous coûter, car sur notre satisfecit d'avoir fait une bonne action, demeure un arrière-goût d'insuffisance : le "Peu mieux faire".

La véritable charité, c'est une présence à l'autre en y posant le visage et le regard du Christ sur chacun de nos questionnements humains. La charité authentique du chrétien, c'est une écoute patiente et perpétuelle jusqu'à supporter sans feinte les états capricieux du prochain tout en conservant la fermeté du Christ :

« Va, désormais ne pèche plus » (cf. Jn 8, 11) ou encore « Lève-toi, prends ton lit et marche » (cf. Mt 9, 6). Sainte Thérèse de l'Enfant Jésus et de la Sainte Face répétait : « Aimer, c'est tout donner et se donner soi-même ». Et il n'est pas possible de se donner soi-même, si nous refusons d'être une personne debout, en situation de marche, aux côtés de ceux qui ont besoin de présence. Le Christ Jésus a voulu nous laisser le témoignage de quelques personnes extraordinaires, parce que modelées dans la grâce de la Croix, qui ont su comme Maman Vierge Marie être en situation perpétuelle de visitation. L'exemple de Jean Vanier au-delà du mélange d'admiration et de dégoût qu'il pourrait susciter, interpelle notre besoin impérieux (au cœur du plus fragile et du plus redoutable en nous : la chasteté) de nous convertir pour être présence d'amitié à Dieu et de Dieu d'abord puis au prochain :

A ses funérailles, nous avons dit de Jean Vanier toute notre admiration "canonisante" : « Il fallait le voir prendre sur ses genoux un enfant agité d'angoisse, le bercer tendrement, jusqu'à ce que s'esquisse, chez l'un comme l'autre, un sourire. Il fallait voir son visage s'éclairer dans la rencontre, des "grands" comme des "petits", et son regard très bleu allait chercher chacun jusqu'au plus profond de lui-même. Il fallait le voir pencher en avant son double mètre et parler d'une voix lente et douce comme s'il méditait tout haut et, soudain, se redresser pour évoquer l'histoire de Pauline, "en colère avec son corps" après quarante ans d'humiliation et qui, peu à peu, - "mais c'est un long chemin" - découvre "qu'elle a une place et qu'elle est importante" - et "c'est un beau chemin"...

Tout Jean Vanier était là. Son amour de l'autre avec ses pauvretés et ses brisures, ses masques et ses mécanismes de défense, mais aussi sa dignité, sa beauté et sa soif de paix, d'amour, de vérité, qu'ils soient chrétiens ou non. Sa confiance dans la vie. Son respect de chacun. Rien n'était plus précieux pour lui que de témoigner que les plus pauvres et les plus rejetés des hommes sont particulièrement aimés de Dieu, afin peut-être de convertir les regards et, sans faire forcément de grandes choses, d'inventer des voies pour vivre et agir ensemble. » (Anne-Bénédicte HOFFNER et Martine de SAUTO, in La Croix du 07.05.2019)

Mais nous avons oublié le fragile et le redoutable en nous qui nous surprend dans des virages que pourtant nous semblons bien connaître et même maîtriser, ce fragile qui s'appelle chasteté traduit toute notre humanité. La chasteté n'est pas réductible à une simple absence d'acte sexuelle ou de gestes douteux et déplacés. La chasteté, c'est toute ma personne - pensée, regard, écoute, silence, parole et geste - qui aime le prochain comme totalité digne d'amour et d'élévation personnelle. « Jésus fixa sur lui son regard et l'aima » (cf. Mc 10, 21) ; Jésus ne fixa pas son regard sur la jeune homme riche pour le captiver et prendre possession de sa personne, car le Fils de l'Homme est chaste dans toutes ses dimensionalités humaines.

Notre admiration pour un homme de telle envergure, le grand et humble Jean Vanier, qui a "inspiré et réconforté de nombreuses personnes partout dans le monde" a été aussi profondément marqué par les grandes ombres du mal et du péché. Saint Paul nous rappelle que tous nous sommes pécheurs et "privés de la gloire de Dieu" et que seul Jésus Christ peut nous justifier (cf. Rm 3, 23-24). Le danger que nous courons c'est d'en rester aux œuvres belles que la grâce de Dieu nous donne d'accomplir. Il nous faut passer par un étau plus difficile comme saint François d'Assise l'a vécu ; c'est une confrontation qui nous met en face de notre impasse fondamentale, celle de devenir l'œuvre de Dieu. Dès lors, il ne s'agit plus de nous, mais de Dieu lui-même qui agit ; et, "rien n'est impossible à Dieu" confia l'archange Gabriel à maman Vierge Marie. Les responsables de l'Arche internationale ont dû se distancer des actes ombrageux de Jean Vanier sans renoncer à l'œuvre qui lui a été inspirée ; ils soulignaient : « Si le bien considérable qu'il fit tout au long de son existence n'est pas mis en question, nous allons cependant devoir faire le deuil d'une certaine vision que nous pouvions avoir de lui ainsi que de nos origines » (Lettre du 22 février 2020). Quel deuil pouvons-nous faire d'une personne et de ses origines si nous avons manqué de nous recueillir devant chacune de ses fragilités, vulnérabilités et limites connues et inconnues ? Quelle personne ? Un superman ? Quelles origines ? Des gloires éphémères ? Depuis sa déposition dans la mangeoire, Dieu n'a-t-il pas fondé sa gloire sur notre humus : terreau de nos fragilités et de nos relèvements ? Dans la mangeoire, le Fils de Dieu s'est recueilli dans nos fragilités et vulnérabilités, voire immondices. Ce que nous accueillons pieusement dans la parabole de l'enfant dispendieux, dans Marie de Magdala et aussi dans la femme adultère, c'est la Miséricorde recueillie en présence de chaque misère, "Misericordia et misera" dirait saint Augustin. A la suite de saint Augustin, saint Thomas d'Aquin ne s'est-il pas écrié : "Heureuse faute qui nous valut le Salut" ? Puisse les fautes graves de Jean Vanier et les nombreuses fautes de nombreuses personnes admirées et admirables leur valoir et nous valoir aussi le salut. Je ne le dis pas pour dire que leurs fautes sont bénignes et qu'il nous faille en être complices, et s'il faut appliquer une sanction juridique, faisons-le. Mais je le souligne parce que je crois que la miséricorde passe infiniment nos appréciations et jugements humains. Humainement à ce stade, le Dieu des chrétiens est totalement incompréhensible et irrecevable, car ses pensées et choix passent éternellement l'intelligence et le jugement humain. Dieu va au plus intime de nous-mêmes, au cœur de nos cœurs dessoucher les racines du mal.

Pour être tout donné à Dieu, il faut plus que nous ne le pensions ; et si nous sommes portés à hurler au scandale, à la déception et au sacrilège, il faut que nous sachions aussi nous regarder en profondeur afin que ce ne soit pas seulement nos vêtements que nous déchirions pour accomplir de belles œuvres, mais nos cœurs que nous laissons Dieu déchirer par le regard aimant de Jésus qui se pose et qui dit nous dit : "Une seule chose te manque..." pour devenir l'œuvre de Dieu, c'est de renoncer à tout jusqu'au bout puis de le suivre. Ici le récit matthéen de l'ascendance de Jésus (cf. Mt 1, 1-17) nous interpelle. Sa venue en ce monde prend en compte une série de personnes et de faits : pureté de vie, rouerie, inceste, prostitution, meurtre, exil, migration, étranger, déportation. Nous devons reconnaître sans feinte la gravité des actes intrinsèquement mauvais que nous posons alors que nous sommes pris pour de saines et même saintes personnes. Nous ne devons aucunement minorer nos errements personnels et corporatifs en les traitant de simples incidents historiques ; la faute est entière et nous devons avoir la "honte au visage" (cf. Dn 9, 4-10) en vue d'une véritable conversion. Car nous savons aussi que Jésus Christ s'est fait présent pour racheter l'âme pécheresse. Au "Qui peut donc être sauvé ?" des fidèles, Jésus répond qu'aux hommes, c'est impossible, mais qu'à Dieu tout est possible (cf. Lc 18, 27).

J'avoue que je ne suis pas encore parvenu à ce niveau de dépossession de moi pour être tout donné sans intéressement aucun à autrui. Non pas que je ne le désire pas, mais que quelque part dans mon cœur et dans mes pensées, je tiens toujours à conserver un morceau éphémère de sécurité. Je dis bien "éphémère" et j'en ai bien conscience, et pourtant je m'y accroche toujours. Avouons-nous que c'est terrible. Et nous sommes probablement nombreux dans le cas. On dirait une ficelle que le Seigneur me demande de lui confier entièrement. Au lieu de la lui remettre en bloc, je déroule la ficelle en lui confiant tout juste une extrémité, l'autre extrémité jusqu'à la moitié de la ficelle restant fermement dans mes mains. C'est ce "On ne sait jamais" soi-disant sécurisant qui focalise mon cœur qui se dit : "Si ça venait à foirer, j'aurai à quoi m'accrocher ou me raccrocher." Quand tout n'est pas donné à Dieu, rien n'est assurément pas donné. Conséquemment notre engagement pour le Christ s'en trouve biaisé en dépit de nos bonnes intentions, de nos pieux raisonnements logiques et de nos belles réalisations "tape l'œil".

Nous savons que pour éduquer, il faut aller jusqu'au désintéressement de soi pour épouser en totalité l'intérêt de l'éduqué. Il s'agit de voir dans l'éduqué tant le Jésus dépouillé dans la crèche que l'adolescent discourant avec sagesse avec les docteurs de la loi. Il s'agit aussi de se sentir en état d'apprenant dans son rôle d'enseignant. Je ne confonds pas intérêts et caprices, bien qu'il se puisse qu'un mixage se fasse au point qu'il soit difficile de démêler l'écheveau. C'est justement là que toute notre charité doit se faire inventive ; notre charité doit imaginer patiemment des sentiers d'accompagnement, car il ne s'agit pas de s'élever soi-même en ses propres capacités pour se prévaloir et se faire valoir, mais d'élever l'autre d'abord, c'est-à-dire de vivre en profondeur le « Il faut qu'il grandisse et que moi je diminue » de Jean le Baptiste (cf. Jn 3, 30).

Aux noces de Cana, l'Amour de Dieu a aussi pressé la maman de Jésus au point qu'elle presse son Fils de faire quelque chose : « Ils n'ont plus de vin » (cf. Jn 2, 3). Sa présence à ces noces ne la résout pas à n'être qu'une invitée qui subit une étrangeté, mais elle est convive au sens propre et plénier du terme : "cum vivere" ou vivre avec… car seul le vécu avec provoque le réflexe adéquat, celui de donner le mieux possible de joie à ses amis. Sa présence aux noces n'est pas dissipée mais ausculte les situations et besoins pour que la joie continue d'être jusqu'au bout. Maman Vierge Marie a bien conscience d'une chose : elle ne saurait accomplir de signe, encore moins un miracle. Mais elle sait d'abord qui elle peut consulter en toute complicité mère-fils, ensuite à qui demander l'impossible. C'est à Celui qui lui est naturellement le plus proche puisque fruit de ses entrailles ; c'est à Jésus qu'elle peut tout demander sans crainte et sans en avoir honte ; de surcroit maman Vierge Marie devine son fils à la fois comme auteur et acteur de charité.

Jésus sait que sa mère ose toujours lui demander l'impossible non par audace pusillanime, mais à cause de son amour profond et désintéressé : elle est servante ; donc ne possédant rien, elle ne peut que tout demander avec confiance, non pas pour posséder mais pour transmettre à qui en a besoin. Elle n'attend pas d'être félicitée ou remerciée, encore moins son fils. Celui qui fut grandement remercié par le maître des noces, c'est le marié loué pour sa grande prévoyance, alors que la Maman de Jésus est éclipsée dans la joie essentielle que Jésus portait en lui : Joie d'avoir manifesté sa gloire à ses disciples (la mère de Jésus, ne serait-elle pas aussi au sens large le disciple de Jésus ?), cette gloire qui est effacement du divin pour la joie de l'humanité. Saint Irénée ne s'était-il pas écrié que "la gloire de Dieu, c'est l'homme vivant" ? Cette gloire de Dieu se manifeste en ses premiers instants humains dans le dépouillement de la crèche. Les bergers n'y comprennent rien même s'ils racontent l'avènement, tandis que les anges jubilent en se confondant en "Gloria".

## III. L'élévation du cœur, un chemin de pauvreté

J'aime bien psalmodier cette hymne des montées : « Dieu monte parmi l'acclamation, Yahvé, aux éclats du cor. Sonnez pour notre Dieu, sonnez, sonnez pour notre Roi, sonnez ! » (Ps 47, 6–7) Cette hymne déploie majestueusement la toute-puissance de Dieu qu'il nous plaît de reproduire dans notre humanité et surtout dans nos structures temporelles. Je m'imagine l'apparat et je revis comme une nostalgie reposant sur le récit des anciens, raconté par des livres, cette puissance extérieure et heureusement perdue de l'Eglise catholique. Voici que cette nostalgie me ramène subitement à la réalité du mystère de l'incarnation dans le troisième mystère joyeux. Je revois tout le paradoxe de l'entrée royale du Fils de Dieu en sa demeure : une étable pour logis et une mangeoire pour berceau. Je comprends qu'il fut impossible aux bergers et à beaucoup d'autres contemporains de Jésus d'entrer à pieds joints dans le Mystère de piété. J'ose aussi croire que ce n'est que par le chemin de la servitude, comme professé par maman Vierge Marie, qu'on pénètre lentement, très lentement même dans le Mystère : « Marie conservait avec soin tous ces événements et les méditait dans son cœur » souligne à deux reprises et avec insistance Luc, l'évangéliste (cf. Lc 2, 19 ; 51).

Il est humainement inconcevable d'imaginer la pauvreté de Dieu, encore moins qu'il ait laissé son Fils bien-aimé naître sur les immondices de l'humanité. Ce Mystère n'appartient qu'à Dieu seul qui pour comprendre notre pauvreté humaine a osé le dénuement total qu'au moins une personne (au temps et lieu où historiquement il naquit) pourrait vivre. Je me remets en image les regards surpris, apeurés, éberlués et incrédules des bergers. Pour l'insolite, c'est un roi qui naît, qui se trouve être né dans une étable ; qui plus est, repose et dors dans une mangeoire. Personne ne se précipite pour dire que c'est indécent, personne ne court avertir la cour royale pour que réparation soit faite à cette opprobre à majesté. Inutile d'ailleurs de l'oser, car Hérode, informé bien plus tard, aimerait l'adorer à sa manière : le faire disparaître ainsi que tous ses proches à jamais. Et il le fit en massacrant les 1 000 premiers jours de l'enfant, c'est-à-dire tous les bébés jusqu'à deux ans ; ce sont nos très bons et très inoffensifs saints innocents.

En approfondissant un peu plus, Dieu n'a pas attendu la découverte de la psychologie pour être fin psychologue. Comment pourrais-je aider le pauvre, si dans le réel absolu je ne m'inscris pas dans sa pauvreté. Faire quelque chose pour le pauvre n'est assurément pas une mauvaise chose, mais reposer dans l'humus de la pauvreté pour vivre de pauvreté avec le pauvre est un véritable chemin de dépouillement, un chemin de croix. Il m'a été donné de visiter des milieux pauvres de Cotonou, dont les zones très insalubres du marché de Dantokpa. Aussitôt entré, je cherche vite à en sortir ; et quand je fais l'effort d'y rester, après deux heures de temps, j'en ai ma claque jusqu'aux viscères. Pour y retourner une prochaine fois, je réfléchis par deux fois, tenté de repousser le plus loin possible l'échéance, mais il faut y aller, c'est là que Jésus me convoque. L'humus du pauvre me répugne, et je pense qu'il répugne naturellement à beaucoup. L'amitié véritable, n'est-elle pas respiration nuit et jour de l'odeur du prochain ? L'amitié totale, n'est-elle pas communion à l'humus du plus dédaigneux des humains ? La langue "fon" du Bénin exprime le mot "Amour" ou "Charité" par "Accueillir ou prendre l'odeur de l'autre". Si la sémantique semble s'accorder avec la charité du Christ, le vécu s'en éloigne par la mise en valeur de nombreuses expressions sur la méfiance, la malice et la méchanceté. Il faut donc croire que pour vraiment accueillir l'odeur de l'autre, il faut passer par bien des épreuves et franchir des obstacles qui dépassent l'entendement.

J'ai aussi eu la chance de visiter quelques favelas de Sao Paulo au Brésil. Je ne sais pas si ça existe au Bénin, mon pays. J'avais mal au cœur, vraiment mal de voir des êtres humains entassés et enfoncés comme dans des trous à rat à flanc de collines. Sur ces visages se lisent tristesse, inconscience de leur dignité, abandon au sort, agressivité à fleur de peau, violence immédiate comme perspective de vie et de survie. De ces visages des favelas pouvait de temps à autres s'arracher un sourire éteint et craintif, le plus souvent des enfants que des adultes. Ces adultes des favelas qui semblaient ne pas supporter que moi le bien-portant leur dise simplement bonjour. Peut-être sentaient-ils dans ma voix et voyaient-ils dans mon regard plus de pitié que d'amitié authentique. En réfléchissant le mot "bonjour", quel "bon jour" pourrais-je souhaiter et offrir aux populations des favelas, elles qui au quotidien valsent dans des "maux-jour" ou croupissent dans la misère. Peut-être aurait-il convenu que je leur dise en guise de salutation ou de cordialité : "mauvais jour", "mal jour" ou "bon merdier" ? Cette expression, hors de toute convenance, correspondrait à leur vécu et toucherait à leur quotidien. En vérité, avaient-ils besoin de ma pitié ? Non ! ils n'attendaient rien d'un bonjour passager et très éloigné, ni d'un sourire évanoui l'instant d'après. Que leur importe-t-il cette visite due à des bêtes dans un zoo ? Un plus fortuné se rend dans les favelas, accompagné de fonctionnaires qui connaissent ce milieu et ses codes de communication et de comportement, pour connaître leur réalité sociale de l'extérieur. Dans une certaine mesure, exactement comme en plein zoo, les dresseurs d'animaux vous autorisent, sous leur vigilance, à approcher d'un peu plus près la bête, en faisant en sorte à vous garder à bonne distance selon sa dangerosité. Sans relation minimum de confiance, le dresseur peut-il oser s'approcher de la bête ? Relation que nombre d'entre nous sommes incapables de créer. Mais le dresseur ne vit pas dans l'enclos de la bête, car il sait qu'en y restant, il pourrait devenir bien vite à son tour une proie. Mais parlant de personnes humaines réduites dans leur dignité à vivre comme des bêtes, il s'agit de demander et de recevoir la grâce du "vivre avec...", dans les mêmes conditions, tout en se refusant à ces conditions, c'est-à-dire avec la volonté de faire sortir toutes ces personnes de cette infra humanité. Et pour y parvenir, sr. Claire-Sandrine témoigne de l'attitude qui est la sienne et qui devrait être la nôtre : « En voyant les pauvres du bidonville, j'ai réalisé que ce qui comptait, dans ce monde, c'était d'aimer et d'être aimé » (in "Aimer, c'est tout donner", Témoignages sur la vie consacrée 2015).

Jésus dans la mangeoire, c'est l'amitié de Dieu toute donnée à l'humanité. Dieu ose la pauvreté, voire la misère ; autrement dit, Dieu assume le risque d'être mangé, car il sait que dans la pauvreté, les pauvres ne se font pas non plus de cadeau. Chacun de ces pauvres est à l'affût de la richesse-miracle ; nul ne leur a appris comment par un effort de volonté, de méthode et de travail, ils pourront s'en sortir. Nous venons juste les assister, leur donner un coup de main pour que toujours dans cet état, ils survivent. Jésus dans la mangeoire, c'est tout autrement ; ce n'est pas la richesse-miracle qui, du ciel, tombe dans la mangeoire en pépites d'or de sorte à épater d'admiration (cf. Jn 6, 15). Jésus dans la mangeoire, c'est Dieu perpétuellement au travail qui, comme du levain, vient faire tout bouger de l'intérieur (cf. Mt 13, 33). Jésus dans la mangeoire, c'est la royauté ou la dignité des pauvres qui est révélée et confirmée. Jésus dans la mangeoire, c'est l'humus humain qui est fermenté par le « vous devez vous laver les pieds les uns aux autres » (cf. Jn 13, 14). Ce mystère de Jésus dans la mangeoire, seuls les anges le comprennent, mystère de la toute-proximité divine ; eux seuls sont en mesure immédiate d'entrer dans la louange en glorifiant l'Amour infini de Dieu. En revanche pour l'instant, les bergers en sont incapables même s'ils racontent ce que les anges leur ont dit.

Moi qui me veux ou me dis éducateur, je me sens incapable de descendre à un tel niveau de pauvreté ou d'humus pour vivre la rencontre d'amitié, tant avec les enfants, les jeunes et les adultes, les femmes et les hommes qu'avec les pauvres et les riches, les faibles et les forts, les damnés de la terre et les potentats. Je tombe de grande admiration devant la petite sœur des chiffonniers, sr. Emmanuelle du Caire qui n'a pas seulement aidé de l'extérieur, mais vécu de l'intérieur la condition des pauvres dans les lieux humains les plus répugnants du Caire. Son geste d'abandon pour une telle vie surprend tellement l'entendement humain qu'elle fut, un moment, soupçonnée d'être une espionne infiltrée au service de quelque agence de renseignements extérieurs. Mais on se rendit très vite bien compte que c'était l'Amour qui rayonnait. En effet, « Celui qui s'est quitté lui-même n'a plus rien à quitter » (Maurice Zundel) ; il ne peut être que dans la rencontre car il ne s'appartient mais appartient à la relation d'amitié et de fraternité.

La naissance du Fils de Dieu dans une étable puis reposant dans une mangeoire est une école d'éducation, d'accompagnement des personnes. Selon une expression empruntée à Maurice Zundel, que « la grandeur n'est pas dans la domination qui écrase mais la générosité qui se donne ». Né dans une étable et déposé dans une mangeoire, Jésus n'a jamais eu une présence d'extérieur à la misère humaine, mais Il était depuis toujours une beauté intérieure qui révèle de l'intérieur de l'humanité comme « Agneau de Dieu qui enlève le péché du monde ». Un vécu de l'intérieur de la misère humaine lui fait poser des gestes intérieurs, des gestes chastes, des gestes qui élèvent les cœurs ; c'est l'Homme et Tout l'Homme qui est racheté : Jésus ou « Dieu-sauve ». Parce qu'il est ému de compassion, Jésus n'a aucunement peur de se souiller, il touche un lépreux et le purifie (cf. Mc 1, 41). Tel est le sens de la pauvreté vécue de l'intérieur : toucher du doigt, que dis-je ? Toucher de toute son âme et de tout son être la misère du prochain. Nous sommes appelés à apprendre à nous faire tout petit avec tous, à vivre et partager pleinement la misère du prochain, sans vivre en complicité avec cette misère et sans non plus devenir complice de cette misère. Jésus s'est fait homme en tout à l'exception du péché. Être pauvre avec les pauvres semble ne pas suffire, si nous ne nous laissons pas manger, si nous ne devenons pas une disponibilité dans la mangeoire des attentes humaines multiples. Car beaucoup de personnes, tel que moi, sont sensibles à la pauvreté d'extérieur ; nous voulons aider sans nous laisser intérieurement toucher par la pauvreté. Vivre la pauvreté de l'intérieur est un défi, surtout une vocation qui est de l'ordre de la grâce, et il nous faut la demander. Saint François d'Assise, sainte Teresa de Calcutta, sœur Emmanuelle et Jean

Vannier par exemple, quelles que soient les ombres laissées par leurs vulnérabilités, ont eu la grâce de se laisser toucher à l'intérieur d'eux-mêmes par la pauvreté pour vivre cette pauvreté. Cette grâce ne se prend pas, elle se reçoit ; c'est pourquoi il nous faut être attentif par l'élévation du cœur aux appels susurrant dans la brise légère de l'Esprit Saint.

Nous mettons beaucoup l'accent sur les chefs des peuples et les prêtres qui ont condamné Jésus à mort, mais nous oublions que le peuple des pauvres aussi y a finalement consenti. A chaque fois qu'ils craignaient l'opposition de la foule, le Sanhédrin s'était bien gardé d'arrêter Jésus. Mais bien manipulé, et étant donné que l'esprit de masse est la fusion inférieure des consciences, le Jésus de la mangeoire a été bien croqué à ses 33 ans par la foule qui scandait : « Crucifie-le ! » (Cf. Mt 27, 20-23) Mis à part quelques bergers, peu était présent à sa naissance dans l'étable, mais nombreuse fut la foule qui le huait jusqu'au crucifiement puis de se raviser dans la confession du centurion et des gardes : « Vraiment, c'est le fils de Dieu » (cf. Mt 27, 54).

Personne ne désire la pauvreté, surtout lorsqu'elle est profondément ressentie comme une humiliation à son humanité, un piétinement de sa dignité. Les pauvres en masse peuvent devenir un éboulement de violence quand on leur désigne arbitrairement l'auteur supposé de leur malheur, car ils se satisfont toujours d'avoir ou de se forger un plus malheureux qu'eux. Je me remémore avec intérêt la réflexion de l'ancien archevêque de Cantorbéry, Rowan Williams : « ... il nous suffit de réfléchir un instant à la manière dont nous jugeons inquiétante, suspecte, la bonté - et même au soulagement que nous éprouvons lorsqu'une personnalité exemplaire se révèle moins parfaite que prévu. Face à la bonté véritable, notre réflexe consiste souvent à nous cacher. Et cela devient encore plus visible dans notre vie sociale, que nous cherchons des modèles de « boucs émissaires » : nous renforçons notre sentiment d'appartenance réciproque en identifiant arbitrairement quelqu'un comme un ennemi ou une menace. Et lorsque quelqu'un cherche à combler le fossé ainsi creusé et à rétablir la paix, nous voyons se déchaîner encore davantage de violence... Si nous parlons de Jésus comme d'un être humain offrant un don divin, offrant un amour sans réserve au Père et au monde, nous parlons nécessairement de quelqu'un dont la sécurité va être intensément menacée dans notre monde. Il aura à faire face au poids de notre résistance congénitale... » (Une introduction à la foi chrétienne, Genève 2019, p.120-121).

La pauvreté de Dieu est donc un amour dérangeant et insaisissable, un vent qui souffle, une marche sans trêves, car « Le fils de l'homme n'a pas où reposer la tête... ». Bien qu'il soit traité de glouton et son précurseur Jean le Baptiste de possédé, Jésus ne s'est jamais trouvé en possession de biens personnels : ni maison, ni pécule, ni autres commodités encombrantes. Il est toujours demeuré en chemin, libre de tout confort qui implique l'attachement. Puisqu'il n'a pas daigné clamer haut et fort le rang qui l'égalait à Dieu le Père et s'y accrocher jalousement, Jésus a continué sa marche dans ce même esprit de dépossession jusqu'à la mort sur la croix (cf. Ph 2, 6-8). Ne rien posséder pour soi-même afin de tout posséder pour Dieu. Notre "résistance congénitale" a trouvé une parade pour réagir contre la radicalité de l'"être-avec..." de Jésus : c'est le pire scélérat de l'existence, car dans son dénuement il se prend pour Dieu.

Nous pourrions dire que c'est bien normal ce qu'a fait Jésus. Il avait toute la possibilité de conserver par devers lui tout seul le bien divin, mais l'y ayant renoncé à quoi bon lui servirait de posséder un bien moindre, telles que nos richesses accumulées que finissent par ronger la rouille et les mites ? Et pourquoi accumuler tant de richesses que la mort nous impose à abandonner ?

Jésus nous offre ses réponses dans les évangiles. Il est bon de relire chacune de ses réponses :

> « *Ne vous amassez point de trésors sur la terre, où la mite et le ver consument, où les voleurs percent et cambriolent. Mais amassez-vous des trésors dans le ciel : là, point de mite ni de ver qui consument, point de voleurs qui perforent et cambriolent.* ***Car où est ton trésor, là sera aussi ton cœur.*** » (Mt 6, 19-21)

> « *Vendez vos biens, et donnez-les en aumône. Faites-vous des bourses qui ne s'usent pas, un trésor inépuisable dans les cieux, où ni voleur n'approche ni mite ne détruit.* ***Car où est votre trésor, là aussi sera votre cœur.*** » (Lc 12, 32-34)

« *"Une seule chose te manque : va, ce que tu as, vends-le et donne-le aux pauvres, et tu auras un trésor dans le ciel ; puis, viens, suis-moi."* ***Mais lui, à ces mots, s'assombrit et il s'en alla contristé, car il avait de grands biens.*** » (Mc 10, 21-22)

« *"Une chose encore te fait défaut : Tout ce que tu as, vends-le et distribue-le aux pauvres, et tu auras un trésor dans les cieux ; puis viens, suis-moi."* ***Mais lui, entendant cela, devint tout triste, car il était fort riche.*** » (Lc 18, 22-23)

« *"Si tu veux être parfait, va, vends ce que tu possèdes et donne-le aux pauvres, et tu auras un trésor dans les cieux ; puis viens, suis-moi."* ***Entendant cette parole, le jeune homme s'en alla contristé, car il avait de grands biens.*** » (Mt 19, 21-22)

En clair, ce florilège évangélique nous situe sur la pauvreté. Être pauvre ou bien devenir pauvre, c'est se détacher, voire se « détartrer » volontairement de ses biens ou de ce que nous considérons comme notre bien propre et auquel nous tenons tant. La pauvreté selon le Christ, n'est pas une privation économique, politique ou même morale de biens due à différents facteurs contingents. Cette pauvreté existera toujours : « Les pauvres, en effet, vous les aurez toujours avec vous ; mais moi, vous ne m'aurez pas toujours » affirme Jésus (cf. Jn 12, 8).

L'acte de pauvreté est un mouvement personnellement voulu de dépossession de soi. Dieu qui se fait pauvre parmi les pauvres a posé un acte divin qui se veut être un acte de « re-création » de l'homme dans les fondements les plus intimes de la relation, de la réciprocité qui caractérise la nature humaine. Jésus ne nous demande pas de spéculer sur la pauvreté, mais il nous demande d'imiter sa pauvreté : « Nous nous tournons vers le Seigneur » répondons-nous au moment de la préface eucharistique, c'est-à-dire : « Nous suivons tes pas, Seigneur ».

C'est en nous mettant à l'école de la disponibilité de soi jusqu'à être mangé, à ne plus savoir où reposer la tête, à se trouver consumé dans et par le don de soi pour le bien-être du prochain que l'asymptote du divin et de l'humain se verra à travers un miroir peut-être moins obscur. C'est un acte de détartrage de notre moi, de notre tendance à l'auto-sécurisation que

Jésus nous demande. Pourquoi sommes-nous donc surpris de nous éloigner aussitôt de Jésus tout triste à cause de notre grand bien, notre grand moi ? Tout lâcher d'un coup pour Jésus est une vocation à vivre de providence, et rien que d'elle. La lettre aux Hébreux est très éloquente sur la pauvreté de Dieu : « C'est pourquoi, en entrant dans le monde, le Christ dit : Tu n'as voulu ni sacrifice ni oblation ; mais tu m'as façonné un corps. Tu n'as agréé ni holocaustes ni sacrifices pour les péchés. Alors j'ai dit : Voici, je viens, car c'est de moi qu'il est question dans le rouleau du livre, pour faire, ô Dieu, ta volonté. » (He 10, 5-7) De même Jésus ne désire pas que nous ayons seulement respecté la loi et même fait du bien ou de la charité depuis notre plus tendre enfance à toute une multitude. Donner du pain à manger et en multiplier à l'infini pour que 5 000 hommes, sans compter femmes et enfants, en mangent, est excellent, mais de l'ordre du miracle. Il faudrait passer du miracle au signe, du don à quelqu'un au don de soi-même. Accomplir des œuvres devrait toujours nous conduire vers la geste ultime, celle de devenir l'œuvre de Dieu. Cela n'est possible que si de tout notre cœur, toute notre âme, de toute notre force, de tout notre esprit, en un mot, avec tout notre humus, nous acceptons de rentrer dans l'absolu du « viens, suis-moi » de Jésus. Ce qui signifie qu'il nous faut nous mettre en apprentissage d'une naissance perpétuelle du « Fils de Dieu » en nous. Ce « viens, suis-moi » Jésus le situe pleinement accompli dans l'humanité de sa mère, maman Vierge Marie ; elle fait la volonté de Dieu en acceptant d'être écoute ou obéissance à la Parole.

## IV. L'élévation du cœur, un chemin d'écoute et de discernement

Le quatrième mystère joyeux parle de la Présentation de Jésus au temple et offre comme fruit de ce mystère l'obéissance ou "ob audire", c'est-à-dire positionner son oreille devant la bouche de la Parole. Mon oreille devient par le fait un microphone et un haut-parleur. De la haute définition du microphone dépend la sortie de la parole reçue du haut-parleur. Mais la déficience du haut-parleur peut rendre inaudible la qualité de la parole dite au microphone haute définition. "Ob audire", c'est donc "être à l'écoute" dans le sens d'y prêter intensément attention pour en vivre par mode relationnel ou communicationnel. Prendre le temps d'écouter la Parole, prendre le temps d'écouter le prochain, sans ajouter une réplique, sans couper la parole, sans chercher à argumenter, sans brûler du désir de nous justifier. Prendre le temps de prêter attention le plus longtemps possible ! Toute une patience et une prudence qui fait de l'écoute une vie de l'intelligence des Ecritures pour respirer et communiquer de l'intelligence du cœur. Se laisser investir par la Parole du Tout Autre silencieusement, prêter son oreille aux propos du prochain en gardant sa langue appartiennent à la vertu de l'élévation du cœur. Nous sommes tous conviés à cette école de l'écoute et du discernement.

Aux côtés du prêtre Eli, le jeune Samuel qui ne connaissait pas encore Yahvé découvre que l'appel commence par l'écoute, comme une promesse ou un vœu d'obéissance (cf. 1 Sa 3, 1-20). D'abord, cet appel est si simplement ordinaire que Samuel croit entendre la voix du prêtre Eli. La voix de Dieu n'effraye pas ; avec très grande patience, sa voix se laisse progressivement sentir jusqu'à ce que nous devinions ou sachions que c'est Lui qui aimerait rentrer en dialogue avec nous. Par trois fois, Samuel est appelé par Yahvé et par trois fois Samuel réduit cet appel à la dimension de son maître, le prêtre Eli. Si nous ne connaissons pas encore le Seigneur et ses sentiers, lui ne se fâche pas, mais il insiste jusqu'à ce qu'un événement ou habituellement un tiers, généralement une personne compétente, nous révèle sa présence. Il a bien fallu qu'Eli comprenne que ce qui est en train d'arriver à son disciple Samuel dépasse infiniment leur personne dans cette relation de maître à disciple. Nous avons régulièrement besoin d'un tiers qui sache discerner avec nous et même pour nous. Il ne s'agit pas de faire de cette tiers-personne un gourou ou un "dictateur spirituel", c'est-à-dire celui qui vous dicte vos actes et vos pensées. Il faut de même que cette tiers-personne se garde bien de s'ériger et de s'imposer comme votre maître de conscience, le gérant de votre penser et de votre agir. Le tiers que le Seigneur met sur notre chemin est un "tiers" et non pas une complétude, une perfection, c'est-à-dire un canal qui nous aide à découvrir Dieu autrement que nous le connaissons et avec plus d'intériorité. Voici pourquoi le tiers doit lui aussi se revêtir de la même discrétion divine en nous suggérant des attitudes, gestes et actes. Suggérer non pas dicter, car Dieu ne veut en aucun cas nous dominer, et il n'impose non plus rien à notre liberté. Dieu se propose à nous en invité prêt à aller son chemin à moins que nous lui demandions de rester, comme avec les disciples d'Emmaüs. Eli se garde de donner des instructions au nom de Yahvé dès qu'il saisit en profondeur la dimension des trois « Me voici » de Samuel. Il comprend que Samuel doit apprendre à entendre puis écouter autrement, dans une dimension du cœur à cœur, dans une relation au sein de laquelle nul ne peut s'immiscer. Quand le Seigneur appelle, tout interprète externe à notre propre disposition à l'écoute ou à l'obéissance doit se faire « altérisant » et non pas altérant, doit faire le choix de reconnaître l'autre comme entité et solitude unique et inaliénable, et non pas faire le choix du fusionnel puis de la confusion ; car il se risque à trahir tout le contenu du message, à tronquer tout le sens de la vocation qui est personnelle à chacun. La vocation qui est propre n'est pas celle de l'interprète (évêque, recteur, supérieur, directeur spirituel, maître(sse) des novices, Père accompagnateur, époux, épouse, ami, ...), encore moins sa propriété. Le prêtre Eli nous édifie par son attitude qui pose Samuel en présence directe de Yahvé sans s'imposer comme médiateur entre Yahvé et Samuel. Même si par après il est peut-être un peu jaloux ou frustré de ce que Yahvé ait parlé à Samuel qu'à lui, Eli invite son disciple à l'unique attitude qui sied quand un appel est senti : « Parle, Yahvé, car ton serviteur écoute » (1 Sa 3, 9). Samuel est ouvert à l'esprit de l'écoute ; tel est le fond de toute éducation, de toute pédagogie de vie. Quand il contraignit moralement Samuel à lui raconter sa rencontre avec le Seigneur - propos de Yahvé en totale défaveur de la maison d'Eli -, Eli à son tour pose un acte d'obéissance ou d'écoute : « Il est Yahvé ; qu'il fasse ce qui lui semble bon ! » (1 Sa 3, 18) Ces propos d'Eli ne sont pas désinvoltes, encore moins teintés de lassitude, mais c'est l'authentique accueil, même dans la douleur, de la volonté de son Créateur. L'écoute est une totale disponibilité traduite par tout le contenu du psaume 39 (40) que je résume par « Me voici, je viens faire ta volonté ». Car faire la volonté de Dieu, c'est une écoute et une mise en pratique de la parole qui peut aller jusqu'au martyre du sang.

Pendant très longtemps, j'ai dit ce fruit du mystère sans prêter grande attention et au fur et à mesure que des bribes de maturation spirituelle se faisaient en moi, je me suis dit que c'est très facile de dire qu'à la présentation au temple Jésus s'y est rendu tout obéissant. Ce n'était qu'un bébé, il ne pouvait rien faire qu'en lien intime avec ses parents ; ce sont donc eux qui ont obéi à la prescription de loi. Par ce geste, il faisait rentrer Jésus dans tout l'héritage de la tradition juive de l'écoute : "Shema Israel Adonai

Eloheinu Adonai echad", "Ecoute Israël, le Seigneur est notre Dieu, le Seigneur est Un".

En me reportant dans ma vie quotidienne de prêtre, "obéir" pourrait signifier suivre sans réfléchir et approfondir les orientations pontificales, les recommandations, ordres et obédiences de l'évêque et de toute la structure hiérarchique. Ici j'aimerais rappeler que, au Bénin, durant la révolution marxiste-léniniste dans les années 1972 à 1989, tout débat réflexif en cours nous était interdit. De façon martiale, il nous était répétitivement rétorqué tant par le directeur du Collège d'enseignement général que par les enseignants : « Obéissance avant réclamation », autrement dit, laissez-vous mener comme des moutons de Panurge, et après avoir commis la bêtise de vous trouver dans le gouffre, vous pourrez réclamer. On comprend qu'il était difficile et très osé de dire à l'enseignant qu'il avait commis une erreur de calcul ou une faute orthographique ou grammaticale au tableau.

En Eglise et de façon rébarbative, les Jésuites nous étaient présentés comme de véritables soldats du Pape avec leur 4e vœu : "Obéir comme un cadavre". J'étais à la fois très admiratif et bien repoussé par cette vie religieuse sans personnalité propre. Il m'a fallu me rapprocher des Jésuites, lire Pierre Teilhard de Chardin, André Manaranche, Henri de Lubac et enfin connaître le Pape François, pour mieux comprendre que "obéir comme un cadavre" était à mille lieux du déraisonnable. En effet, il s'agit d'écouter absolument la voie de son cœur, sans sombrer ni dans l'hallucination, ni dans l'illusion ; c'est un long processus de discernement et de fidélité au Christ et à l'Eglise par un effort de correction de nos errements humains. Si le Pape n'était pas en quelque sorte comme un cadavre, sourd au qu'en dira-t-on de certains bien-pensants, les réformes importantes dans l'écoute de la Tradition au cœur de l'Eglise auront du mal à être faites et à se poursuivre. Nous savons qu'au cours de l'histoire, les Jésuites ont été interdits d'existence par la papauté ; ayant trouvé refuge en milieu protestant et orthodoxe, ils n'ont pas agi contre la catholicité, mais ils ont travaillé à la croissance de l'Eglise catholique dans cette fidélité cadavérique.

J'ai donc fini par comprendre en relisant les textes de l'évangile de Luc que l'obéissance, fruit de la présentation de Jésus au temple, se réfère à maman Vierge Marie qui d'une part, écoutait tout ce qui se disait sur son enfant et les méditait pour les conserver fidèlement en son cœur (cf. Lc 2, 51) ; et d'autre part, transmettait cette joie de l'écoute à Jésus depuis le sein maternel, tout d'abord au jour qu'il initia sa mission (cf. Les noces de Cana Jn 2, 1-11), ensuite au jour qu'il remit l'Esprit (cf. Jn 19, 30). Ce jour de la remise de l'Esprit fut en même temps celui de l'obéissance ou de l'écoute, car Maman Vierge Marie nous fut confiée comme Mère et Educatrice. Et en la prenant chez lui, le disciple aimé de Jésus rentre dans l'"ob audire" de Maman Vierge Marie (cf. Jn 19, 25-27). Et nous savons bien que c'est l'obéissance de Jésus Christ, car il nous enseigne que seuls ceux qui écoutent la parole de Dieu et la gardent, en un mot, font la volonté de son Père des cieux, sont pour lui une mère, des frères et des sœurs (cf. Mt 12, 46-48).

Ce qui se conserve dans le cœur n'est jamais mis en confinement dans une oubliette ; ce qui se conserve dans le cœur, surtout fidèlement, s'apparente à une source jaillissante de charité ; ce qui se conserve dans le cœur devient un abreuvoir de grâces. A cet abreuvoir du cœur, Jésus s'est désaltéré. On oublie souvent de dire que Jésus est passé par l'éducation de maman Vierge Marie qui lui apprit à avoir son regard, ses gestes et ses actions constamment tournés vers son Père. Et, surprise ! la tiers personne qui rappelle à Maman Vierge Marie et à saint Joseph cette disponibilité à l'écoute, cette soif d'être présent à Dieu sans discontinuer, c'est Jésus lui-même. A l'âge de 12 ans, il éclaire les inquiétudes de sa mère et de son père : « Pourquoi donc me cherchiez-vous ? Ne saviez-vous pas que je dois être dans la maison de mon Père ? » (Lc 2, 49)

Maman Vierge Marie obéit à la mission. Elle n'a pas à traverser des contrées multiples comme saint Paul et même saint Pierre pour faire connaître Jésus le Christ, mais elle a été et est demeurée Servante du Seigneur dans une disponibilité totale, une confiance absolue. Dans cet excès de confiance, elle a même paru en être victime. L'unique fois où elle a semblé élever la voix ou faire des remontrances ou tout simplement protester, c'est quand elle a cru avoir perdu son Jésus par négligence, car le croyant « dans la caravane » (cf. Lc 2, 44). Ce type de négligence ou d'inattention involontaire qui repose sur la confiance mise en quelqu'un nous arrive à tous : "Je croyais qu'il a compris", "Je croyais qu'il me disait la vérité", "Je croyais qu'il était à mes côtés", "Je croyais que...".

Ce sont des expressions d'étonnement, de déception et de désillusion qui nous conduisent malheureusement à ne plus vouloir faire confiance à personne, ou du moins à avoir ce vocable malheureux : « La confiance n'exclut pas le contrôle ». En effet, dès qu'il y a contrôle, il y a doute sur la personne, car elle est potentiellement mauvaise, méchante, malhonnête, menteuse, voleuse, etc. Un lieu où la confiance n'exclut pas le contrôle se ressent, ce sont dans nos aéroports. Nous ne nous y habituerons jamais mentalement et moralement même si nous suivons mécaniquement le processus de sécurité, car nous comprenons bien sûr que c'est pour notre sécurité. Chaque passager, quel qu'il soit, est étiqueté comme potentiellement "dangereux terroriste", prêt à faire exploser l'avion en pleine croisière. Une mère et éducatrice comme maman Vierge Marie et aussi saint Joseph ne pouvaient qu'offrir confiance absolue à Jésus. Après un temps éprouvant de saisissement, ils n'en ont pas été déçus mais édifiés de le voir au temple en train de creuser, au milieu des docteurs de la loi, dans l'intelligence des Ecritures.

Maman Vierge Marie a eu pour mission de donner le Sauveur au monde et de l'éduquer ("ducere", "ductus") jusqu'à l'enfantement de l'Eglise ; tel fut son service depuis la conception de Jésus en ses entrailles jusqu'à sa mort en croix, puis à la venue de l'Esprit-Saint. Pour avoir reçu le Saint-Esprit au jour de la Pentecôte, maman Vierge Marie est demeurée missionnaire jusqu'à ce jour. Je crois personnellement que les différentes apparitions de maman Vierge Marie dans divers points du globe répondent à l'envoi en mission qu'elle a reçu au jour de la Pentecôte. Partout où elle est apparue, elle parle le langage du lieu, celui utilisé par le tout-petit, le pauvre de Dieu ; langage simplement compris par tous sans fard d'esprit ni circonvolution théologique. Et, à travers ce langage, elle communique la vertu de l'écoute de charité dans la charité et par la charité : "Aimer, aimer, aimer..." répète-t-elle sans se lasser, par exemple à Lourdes, Fatima, Kibeho et Medjugordjé.

Maman Vierge Marie est éducatrice. L'éducation c'est une canalisation de toute la personne en son penser, son agir et son manquer vers Dieu, un conduit de toutes nos énergies vers la réalisation du « Soyez féconds, multipliez-vous, soumettez la terre et dominez-la » (cf. Gn 1, 28), une orientation ferme de toute la création qui attend de voir chaque personne humaine se conformer à la volonté de Dieu (cf. Rm 8, 19). Être canalisation n'équivaut pas à un embrigadement qui de soi, prive de liberté et renie la personne et sa personnalité. L'éducation est une préparation à devenir canal de bien pour Dieu, et surtout canal ou œuvre de Dieu pour Dieu lui-même. L'éducation est comme le suppôt de l'obéissance, à condition de comprendre l'obéissance comme l'art de disposer tous ses sens à l'écoute et à la réception du perceptible et de l'imperceptible ; une vocation à communier certes avec la création, mais surtout à communier à Dieu. L'obéissance n'est donc ni imposition d'un diktat encore moins soumission aveugle à une quelconque dictature. L'obéissance, c'est une radicalité ("radice" c'est-à-dire pris à la racine) dans l'écoute, telle que, à nous, Jésus l'enseigne : « Que votre parole donnée soit : Oui ? Oui. Non ? Non. Tout le reste qui s'ajoute est malicieux » (cf. Mt 5, 37). Or l'unique possible d'être un OUI à Dieu et à l'humanité suppose que nous posions la geste de Jésus-Christ : naître dans une étable et être déposé dans une mangeoire ; en un mot rejoindre notre humus, l'unique socle sur lequel

Dieu nous dit : "VIS" et où notre être est aussitôt réceptif et réceptacle de la vie bonne de Dieu. « Alors Yahvé Dieu modela l'homme avec la glaise du sol, il insuffla dans ses narines une haleine de vie et l'homme devint un être vivant. » (Gn 2, 7)

Je comprends ici mieux ce que Jésus disait dans les évangiles : « Qui s'élève sera abaissé, et qui s'abaisse sera élevé » (cf. Lc 14, 11 ; 18, 14). Je sais que l'écoute véritable ou obéissance doit toujours rejoindre nos fondements essentiels, notre humus, la glaise avec laquelle Yahvé fit une œuvre merveilleuse : l'homme et la femme. C'est uniquement cet humus qui est en mesure de se laisser mieux informer puis former par la Volonté de Dieu, Souffle de vie qui nous ramène non pas simplement à l'innocence originelle, mais anime nos relations de la candeur des origines voulue en toute personne humaine par Dieu. Car sans la candeur pas de relation honnête et vraie, pas d'amour du prochain réellement puisé des entrailles du Père céleste. La candeur est une relation d'innocence qui ne veut que le bien, qui ne croit qu'au bien et qui n'agit que pour le bien. Les rares fois qu'il m'a été donné de rencontrer des personnes candides, je les ai prises à tort pour des naïves ; mais en fait quand plus tard j'ai eu à approfondir, j'ai saisi qu'elles étaient incapables de faire du mal et qu'elles ne comprenaient pas qu'il soit possible de faire du mal, quand bien même elles en étaient victimes. Le péché nous a fait perdre cette innocence là ; en lieu et place, la relation malicieuse, c'est-à-dire l'intelligence calculée et rusée tapisse nos réflexions, nos faits et gestes, en somme notre penser.

Vivre de candeur, non pas de naïveté encore moins de niaiserie, nous propose l'attitude d'enfance de Jésus : trouver ses joies dans les parvis du Seigneur.

## V. L'élévation du cœur, un exercice de contemplation et d'action

Jésus est retrouvé au temple au milieu des docteurs de la loi. Maman Vierge Marie et le chaste Joseph sont apaisés ; leur grande frayeur s'évanouit non pas sans laisser de trace : « Mon enfant, pourquoi nous as-tu fait cela ? Vois ! ton père et moi, nous te cherchons, angoissés. » (Cf. Lc 2, 48) Jésus les ramène aussitôt à la confiance originelle qui doit être celle que les parents devraient intégrer dans leur pédagogie éducationnelle : « Pourquoi donc me cherchiez-vous ? Ne saviez-vous pas que je dois être dans la maison de mon Père ? » (Cf. Lc 2, 49) Le lieu de recherche et de rencontre d'une personne, en occurrence d'un enfant, n'est-ce pas aller à sa rencontre dans sa relation à l'Intime, cette lumière brillant comme une veilleuse, relation avec Dieu ? C'est au cœur de cette rencontre avec l'Intime au plus intime des autres et de nous que la relation vraie au prochain vient à exister.

Le parler courant qui exprime la non-confiance totale en quelqu'un dit qu'on ne connaît jamais assez une personne, car durant notre cheminement humain, nous pouvons nous réserver des surprises bien agréables et aussi bien désagréables ; et nous insistons fortement sur "désagréable". Je me rappelle ce couple nonagénaire dont l'épouse me disait ne pas du tout comprendre son époux et même qu'elle ne le reconnaissait plus, tellement il avait changé dans son comportement et ses réactions. J'en suis resté un moment perplexe avant de sourire, me disant en moi-même : "Mon petit prêtre, tu as du chemin à faire. Si grand'mère et grand-père qui ont déjà plus de 70 ans de vie matrimoniale disent ne pas assez se connaître, garde-toi de dire que tu connais bien quelqu'un ; mais surtout apprends à connaître ceux que tu rencontres, ne te hâte pas dans ton jugement et conserve toujours la distance nécessaire pour savoir "naître avec..." chaque jour et à chaque instant. Dieu nous conduit pédagogiquement à le connaître et Jésus prend le temps de se faire connaître de ses disciples ; pourtant il s'étonne de ce que malgré toute la délicatesse et le temps investi, les disciples disent ne pas le connaître : « Philippe lui dit : "Seigneur, montre-nous le Père et cela nous suffit." Jésus lui dit : "Voilà si longtemps que je suis avec vous, et tu ne me connais pas, Philippe ?" » (Cf. Jn 14, 8-9) Le chemin de connaissance est une vie jamais épuisée, car il plonge les cœurs dans l'amour abyssale de Dieu.

Quand nous nous éprenons d'amitié, quelle qu'elle soit - amitié de confidence, amitié d'intimité, amitié de camaraderie, etc. - notre tendance mentale immédiate est à la fusion de pensée, de bien et même de corps ; nous cherchons à nous appartenir entièrement l'un et l'autre parce que notre vision se focalise sur le "ce que j'aime en moi et sur moi et qu'heureusement possède l'autre". Généralement, l'ami qui m'attire a pour lui ce que j'aimerais avoir et qui me fait défaut. Alors la tendance à l'amitié fusionnelle cache quelques intérêts inavoués. La recherche de fusion est comme une sorte de prise de possession de l'autre pour le déposséder d'un bien qu'il m'a comme volé. Pourquoi à lui et pas à moi ? s'interroge-t-on dans son for inconscient. Ainsi l'amour passionnel est une véritable passion, c'est-à-dire à la fois une attirance aveugle et une terrible souffrance qui ne supporte pas la déception. Est-ce une déception causée par l'autre ? Non, pas du tout ! Cette déception manipule mon imaginaire de l'autre, car c'est en fait en moi-même en mes ambitions profondément cachées et inavouées que je mets sur le banc d'accusation. C'est une déception de n'avoir pas su emprunter, voire arracher de force le "ce que j'aimerais posséder et que l'autre a", donc il m'en prive. Combien de passionnés, privés de discernement et de recul, commettent tant de bêtises graves par addiction à une personne ou à un objet attirant et désiré. Et il n'est pas rare de voir que le passionné, las de ne pouvoir s'attribuer ce que possède l'autre et qu'il désire tant en faire sien, sombre dans une haine très jalouse. Que de drames pourraient alors survenir !

La passion du chrétien n'est pas du même ordre. Heureusement ! Le chrétien est passionné autrement parce qu'il est poussé au détachement de ce qu'il a et de ce qu'il est pour devenir entièrement œuvre de Dieu. Dans les évangiles, le notable pourrait raconter avec passion toutes les œuvres qu'il a pu accomplir en observant les commandements de Dieu. Depuis son enfance, il a été éduqué à la Loi et à son observance (cf. Lc 18, 21) et il s'en est rigoureusement tenu. D'ailleurs s'il vient vers Jésus et pose la question sur le plus à accomplir pour avoir la vie éternelle, c'est qu'il y avait en lui d'abord une soif du mieux-être et non pas du mieux-avoir. En son for interne ce notable savait que le mieux-avoir et surtout le plus-avoir le conduiraient toujours à l'impasse de la soif toujours non étanchée ; ce qu'il désirait sans pouvoir l'exprimer en esprit et vérité c'est la soif du plus-être. Or le plus-être implique et impose un arrachement à soi et de soi par élévation du cœur. Tout naturellement, la réponse de Jésus fondée sur l'observance des commandements s'avère très insuffisante à son entendement. S'il s'agissait de suivre la loi, il n'avait plus rien à accomplir et il se sentait même arrivé au but malgré sa soif du mieux et plus. Déception !

Derrière ce mieux et plus était malheureusement tapie la difficulté, voire le refus à la fois viscéral et imperceptible de s'arracher à l'avoir. Il partit tout triste parce que ce que Jésus lui demandait d'accomplir n'était plus un "faire" mais un "être". Ce notable ressemble bien à ces soldats, anciens combattants ou officiers d'armées, qui se bardent de toutes leurs décorations sur leurs uniformes lors des cérémonies officielles, au point de ne pas savoir où devrait être accrochée la nouvelle médaille qui leur est remise. Pour Jésus, il s'agit moins d'œuvres méritant satisfecit et décorations qu'une naissance nouvelle à l'intériorité. « Si tu veux être parfait... » (cf. Mt 19, 21) rejoint la perfection à la manière du Père des cieux (cf. Mt 5, 48) ou « Une chose te fait encore défaut... » (cf. Lc 18, 22) est appuyé dans l'évangile de Marc par le regard pénétrant et aimant de Jésus (cf. Mc 10, 21). Car pour devenir l'œuvre de Dieu, il faut choisir soi-même de volontairement se dépouiller en portant au cœur de son écoute le regard pénétrant et aimant, de même que la parole qui invite au très long et périlleux déplacement intérieur qui part de la tête au cœur.

Au lieu de chercher à passionnément posséder les autres d'abord par l'artifice de ses œuvres, peut-être imprudemment dites œuvres de Dieu, et ensuite pour mieux aliéner les biens spirituels, psychiques et matériels à sa propre louange, Jésus invite le notable à l'imiter dans l'abandon de tout ce qui emberlificote son ego. Il veut conduire le notable au renoncement librement consenti de sa notabilité : « Lui qui de condition divine, ne retint pas jalousement le rang qui l'égalait à Dieu » (cf. Ph 2, 6). Le notable ne pouvait pas y souscrire parce qu'il avait de grands biens, il était fort riche. Pour l'instant il ne s'était pas laisser pénétrer par ce regard aimant du Christ, mais s'en allant tout triste n'était-il pas en cheminement, brulé d'interrogations ? Pour le moment, le zèle qui le dévorait pour la maison de Dieu, souscrivait aux aspirations peu élevées de son ego, à des œuvres qu'il pouvait fabriquer de ses mains en se référant à la loi. Mais qu'elle est l'œuvre voulue par Dieu et attendue par Dieu pour nous ? Jésus-Christ est source, canal et but ultime de la soif de tous ceux qui s'approchent de lui. Jésus-Christ éduque à être à son imitation, voici pourquoi il ne donne pas un commandement, ni ordres extérieurs, ni lois à suivre, mais il éveille nos capacités à recevoir pour devenir un "être avec...", une renaissance à nouveau permanente par grâce pour être aussi à notre tour canal, une des sources infinies de grâces.

Peut-être l'avions-nous perdu de vue dans les œuvres immenses que nous avons accomplies pour les pauvres de Dieu ; ces pauvres qui ne se réduisent pas simplement au dénuement matériel, mais aussi à la sous-alimentation intellectuelle, mentale et spirituelle. Ces pauvres-là nous le sommes devenus parce que nous avons tenu à reposer la tête rien que sur nos œuvres, donc à devenir quelque part passifs au vent de l'Esprit Saint qui souffle dans des directions diverses et inattendues. Nos œuvres au fur et à mesure qu'elles prennent de l'ampleur nous obligent à nous organiser, donc à nous mouvoir sur place (peut-être tourner en rond sans le savoir) pour donner de solides fondements à l'œuvre de nos mains. Que nous le voulions ou pas, nous nous installons dans une certaine confortabilité qu'il nous est, malgré toutes les restructurations et plans stratégiques, difficile d'abandonner. Un Chartreux exprime ce drame humain avec une précision laconique : « Et le plus dur reste à faire : se quitter soi-même. » (In "Aimer, c'est tout donner", Témoignages sur la vie consacrée 2015) "Repose-toi mon âme, ton grenier est plein" (cf. Lc 12, 19) guette et piège toujours "l'insensé" dont parle le psalmiste (Ps 14, 1 ; 53, 2 ; 92, 7). Cet insensé peut malheureusement être aussi des clercs et personnes consacrées. Jésus nous traite d'insensés, car l'œuvre d'une personne est liée au siècle tandis que l'œuvre de Dieu que nous sommes convoqués à être est vouée à l'éternité (cf. Lc 12, 20).

Quand Jésus eut envoyé les 72 disciples porter la bonne nouvelle, ils en sont revenus heureux d'avoir accompli des œuvres telles que soumettre des démons à leur pouvoir. Jésus n'en disconvient pas, car lui-même a vu la manière dont ils avaient sérieusement secoué Satan, très furieux. Pourtant là n'est pas la question signifie Jésus : Il s'agit moins d'avoir du pouvoir sur Satan que d'être une œuvre de Dieu, c'est-à-dire de se laisser totalement inscrire dans la vie de Dieu : « Les 72 revinrent tout joyeux, disant : "Seigneur, même les démons nous sont soumis en ton nom !" Il leur dit : "Je voyais Satan tomber du ciel comme l'éclair ! Voici que je vous ai donné le pouvoir de fouler aux pieds serpents, scorpions, et toute la puissance de l'Ennemi, et rien ne pourra vous nuire. Cependant ne vous réjouissez pas de ce que les esprits vous sont soumis ; mais réjouissez-vous de ce que vos noms se trouvent inscrits dans les cieux." » (Lc 10, 17-20) Voici le plus important, entrer en contemplation d'amour en apprenant à ne plus se mirer dans le miroir obscur de nos œuvres, mais laisser Dieu se mirer en nous, faire de nous une transparence d'amour.

Dès son jeune âge aussi Jésus s'applique, quitte à fuguer, à être dans la demeure de son Père. Mais il ne se contentera pas de connaître par cœur et d'observer les commandements de Dieu ; il entrera en discussion avec les docteurs de la loi pour aller le plus en profondeur possible et ensuite il en fera une "vie" en réponse à l'injonction de Dieu : « VIS ! » (Cf. Ez 16, 6). Jésus vit de l'intelligence des Ecritures et non de Lettre écrite. Vivre, en effet, c'est se mettre en mouvement, c'est bouger, c'est circuler, rencontrer du monde, s'exprimer et échanger pour justement approfondir le mystère de la Vie : mystère de Dieu et mystère de la création. Au milieu des docteurs de la loi, Jésus vit... il écoute, il interroge, il discute, il approfondit au point qu'il surprenait par son intelligence, sa perspicacité et ses réponses (cf. Lc 2, 46-47). Plus tard Jésus donnera trois indications essentielles à qui aimerait le suivre :

- La première : « Les renards ont des tanières et les oiseaux du ciel ont des nids ; le Fils de l'homme, lui, n'a pas où reposer la tête. » (Cf. Lc 9, 58)
- La seconde : « Laisse les morts enterrer leurs morts ; pour toi, va-t'en annoncer le Royaume de Dieu. » (Cf. Lc 9, 60)
- La troisième : « Quiconque a mis la main à la charrue et regarde en arrière est impropre au Royaume de Dieu. » (Cf. 9, 62)

« VIS ! » est un mouvement perpétuel de croissance ou d'aventure. Car aller à l'aventure, c'est être en avent, c'est-à-dire être dans une attente dynamique qui pousse à aller à la rencontre d'une certitude encore inconnue. Le temps liturgique de l'avent chrétien ne nous impose pas une stature immobile et inamovible, mais il nous invite à aller au-devant de Celui qui vient à notre rencontre. Paradoxe du mystère de la vie qui ne saurait attendre impassible et inactif une rencontre sans chercher à entrer dans la dynamique de la rencontre : l'homme est un être de relation, une nature de réciprocité. Pour monter dans les hauteurs, l'homme n'attend pas que les hauteurs viennent vers lui, mais il en prend graduellement le chemin.

Vivre, c'est la circulation de la relation qui s'interroge et apprend à toujours voir autrement, c'est-à-dire à discerner la volonté de Dieu à travers la multitude des signes de la création et de la créature. Mais chercher un point de chute c'est le propre de la nature humaine, car nous désirons tellement tous nous agripper à de nombreuses certitudes pour avancer. Partir comme Abraham sans savoir où nous allons mais en ayant la certitude de marcher devant Dieu dans un effort d'intégrité (cf. Gn 17, 1), telle est la vie qui s'impose comme un devoir, comme une action et surtout l'atout majeur du vivant. Reposer sa tête rend impropre à la mission, à l'aventure du pasteur toujours en quête d'espace plus plantureux et nourrissant pour ses brebis. Seule la vie du « VIS ! » nous rend capable d'imaginer de nouveaux chemins et espaces de charité pour vivre le service.

La vie s'oppose à la mort et ne saurait jamais y coïncider. La mort est un état d'inertie totale, perpétuelle voire éternelle. Tout être mort - un cadavre - est frappé de dégradation par pourrissement et réduction en poussière ; il n'y a donc plus rien à en tirer que du nauséabond puis du poussiéreux dispersé par les vents. Toute consistance est disparue. Evangéliser est vie. Qui accepte d'être chrétien, surtout agent de l'évangélisation par vocation (prêtre, religieux, laïc engagé) est convoqué pour annoncer la vie comme consistance éternelle de la nature humaine par grâce divine. Jésus vient donner la vie, mais une vie surabondante (cf. Jn 10, 10) et cette vie de très grande abondance est Lumière absolue (cf. Jn 8, 12). Mais qui, appelé par vocation, a peur d'évangéliser ou se refuse à évangéliser pour quelque raison que ce soit, accepte de s'étioler et de mourir ; c'est le mort ou cadavre dont parle Jésus Christ, il ne peut qu'engendrer la mort, donc enterrer des morts. Peut-être que toute cette déchristianisation dont nous parlons si tant en vivant et en agissant si peu dans l'esprit de l'évangile nous signifie-t-elle notre propre état d'étiolement évangélique et eucharistique. Quand Marthe fait comme un reproche à Jésus : « Seigneur, si tu avais été ici, mon frère ne serait pas mort » (cf. Jn 11, 21), elle nous rappelle où situer la vie, où aller la chercher et d'où la recevoir. Et Jésus de nous rappeler qu'il faut d'abord croire et agir en croyant pour voir la gloire de Dieu (cf. Jn 11, 40) et ensuite demeurer dans la maison du Père et en avoir du zèle. Ne nous rappelle-t-il pas constamment dans sa réponse à maman Vierge Marie et à papa saint Joseph : "Ne saviez-vous pas que vous devriez être dans la maison de votre Père des cieux ?" (cf. Lc 2, 49)

Philosophiquement parlant, la mort est un état de non-être, et le non-être n'est pas capable d'annoncer la Parole de Dieu, car « Vivante, en effet, est la parole de Dieu, efficace et plus incisive qu'aucun glaive à deux tranchants, elle pénètre jusqu'au point de division de l'âme et de l'esprit, des articulations et des moelles, elle peut juger les sentiments et les pensées du cœur. » (He 4, 12) Cette Parole n'est pas que pour les autres, mais alors que nous la communiquons elle nous transperce de part et d'autre et nous oblige à nous remettre en question, c'est-à-dire en état perpétuel de conversion. En effet, la Parole est Vie et seule la vie peut la diffuser et la répandre par toute la terre ; tel est l'Evangile.

La vie est une dynamique, un bougement continuel, qui ne s'endort pas sur les acquis, ne se réjouit pas du grenier plein (cf. Lc 12, 16-20) ; mais en puisant dans les acquis, dans le grenier plein, la vie affronte l'avenir, défie les temps incertains dans le partage fécond du pain. Annoncer l'Evangile, c'est circuler dans et avec l'amour de Dieu ; au plan purement somatique et psychique, c'est faire reculer, c'est s'employer à retarder le plus possible l'échéance de la corruption du corps tandis que poussé par l'espérance l'esprit continue de s'enflammer du souffle de vie en proclamant l'éternité. Les véritables morts sont ceux qui, en présence de la décrépitude inexorable du corps et aussi de la maladie, concluent à la victoire de la mort sur l'esprit, de la corruption sur le souffle de vie. Ils sont des morts qui enterrent des morts. L'aventure humaine, la vie s'éteint alors pour s'être interdit l'espérance, cette Parole qui est Esprit et Vie. Que de fois sommes-nous tentés de nous préoccuper de nous-même et des nôtres sous couvert de devoir fraternel, familial, communautaire ou autre ! Ces soucis si importants sur le plan humain, soient-ils, viennent interférer ou tout simplement empêcher la mission qui est nôtre : "VIS !" (cf. Ez 16, 16). Avoir le souci des siens est certes une bonne chose, mais savoir s'en détacher par pur renoncement ou par amour tout simplement pour étendre sa proximité aux horizons inconnus, à l'étranger, est une circulation vivante de l'Esprit, car la Parole de Vie retire nos œillets pour voir aussi large et aussi loin que Dieu, lui le Père de tous, le Père pour tous, le Père en tous et le Père avec tous.

Raison pour laquelle Jésus nous met en garde ! Mettre la main à la charrue et ensuite faire volte-face n'est pas compatible avec la mission de vie qu'il nous confie. Nous ne pouvons pas nous dire être appelés à annoncer la vie puis devenir amorphes voire paralysés en présence des nombreuses contradictions auxquelles le monde nous soumet. S'il nous faut dessoucher pour que la charrue puisse passer, nous devons le faire mais rien qu'avec les armes de l'amour. Jésus nous a bien prévenu que le royaume de Dieu souffre violence et que seuls les violents peuvent s'en emparer (cf. Mt 11, 12). Lui nous montre en même temps le sens de la vraie violence : d'une part, sachant bien qu'il allait rencontrer de grandes difficultés qui lui coûteraient la vie, Jésus prend résolument le chemin de Jérusalem (cf. Lc 9, 51) ; en un mot il se durcit de la force de l'amour pour porter l'Evangile jusqu'au cœur de la cité de David, Jérusalem, encore dite cité de Dieu. C'est à ce sommet de l'humanité qu'il accepte de subir violence et non de la faire subir. D'autre part, Jésus rend son visage impavide et insensible aux crachats (cf. Mt 26, 67-68). Il reprend ainsi à son propre compte la prophétie d'Isaïe : « Le Seigneur Yahvé va me venir en aide, c'est pourquoi je ne me suis pas laissé abattre, c'est pourquoi j'ai rendu mon visage dur comme la pierre, et je sais que je ne serai pas confondu. » (Cf. Is 50, 7). Il nous faut nous revêtir de cette conscience oblative du Christ, car l'évangile n'est pas une conscience d'amitié, mais un don total de soi jusqu'au bout. La dimension horizontale de l'évangile, c'est-à-dire l'amitié peut devenir un frein à l'évangélisation, si nous ne considérons que l'horizontalité du bien-être humain. C'est de Dieu dont il s'agit, un Dieu miséricordieux qui élève l'homme à la hauteur de sa miséricorde. La Miséricorde voit loin, large, en hauteur et en profondeur.

Voir large et loin, en profondeur et en hauteur, comme Dieu signifie oser bousculer les traditions et les cultures, les habitudes et les conforts acquis, les affirmations et les contre-affirmations des sciences et de la technique qui tendent à pousser au repos de l'âme dite rassasiée (cf. Lc 12, 20). La vie évangélique est un perpétuel questionnement, une conversion permanente, qui pousse l'âme à ultimement s'écrier : Quand verrai-je la face de Dieu (cf. Ps 41 (42), 3) ? Il s'agit pour nous d'annoncer la Vie, certes en tenant compte des dogmes de la foi et des principes et usages moraux, mais en ne transformant pas les affirmations dogmatiques et les principes moraux en lettres statiques et mortes, en refus du "VIS !".

C'est dans le message de Vie que des réflexions sur des questions dogmatiques et des interrogations morales s'imposeront à nous-mêmes comme vitales.

Aux questions vitales, seule la puissance de renoncement mise en acte nous rendra un peu plus capables de Dieu. La tendance à fuir dès que se présentent les difficultés est le propre de tout un chacun. Tout naturellement nous aimons la facilité, et toute la science technique développée par l'homme est mise au service d'une vie facile et aisée. Mais pour y parvenir, il y a eu des personnes qui ont osé affronter les difficultés et même les impasses. Il semble qu'un trou noir n'est jamais une impasse, mais une possibilité d'émergence à partir de l'impossible. La Parole de Vie est donnée par l'archange à maman Vierge Marie : Rien n'est impossible à Dieu (cf. Lc 1, 37). La Parole de Dieu est Vie, elle ne saurait regarder en arrière, mais pousser à avancer. L'ouvrier de la paix est donc invité à coïncider avec la Parole annoncée, Parole qui crée et recrée tout et tous sans exception.

La parole de Vie se découvre dans les parvis de Dieu. Dieu se rencontre et se découvre chaque jour à force de le fréquenter. Jésus au temple au milieu des docteurs nous l'enseigne et nous le rappelle sans cesse : il faut rechercher Dieu en tout temps et en toutes circonstances. La réponse donnée à sa mère qui n'avait pas compris sa fugue nous situe désormais dans le souci que nous devons avoir à entendre la Parole, à scruter les Ecritures, à vivre de l'eucharistie et à adorer le Saint-Sacrement. Car tout le mystère de la vie que nous avons reçu et que nous communiquons se trouve-là, dans le zèle dévorant de la maison de Dieu. Et dans notre monde contemporain assoiffé de liberté, de justice et de dignité, la vérité sur l'Homme ne peut être révélée et reconnue que si les personnes, en occurrence les chrétiens et plus particulièrement les âmes sacerdotales et consacrées, apprennent à respirer l'amour pour mieux concourir à la grandeur de l'homme et à sa dignité à la manière de Jésus-Christ.

En conclusion.

Au cœur du mystère de notre vocation humaine, et plus particulière à la vie ecclésiale, se trouve notre capacité à savoir prendre de la hauteur en toutes circonstances et en tout lieu. La véritable hauteur ne se prend pas pour demeurer perché au-dessus de la mêlée comme un grand manitou. La prise véritable de hauteur, c'est le cœur qui s'élève vers Dieu pour mieux rencontrer son humus, c'est-à-dire chaque personne humaine en tout lieu et circonstances. Dire comme maman Vierge Marie : "Je suis la servante (esclave) du Seigneur" signifie s'élever par la voie de la disponibilité de soi et du service qui implique tout type de détachement.

L'élévation du cœur est un mystère eucharistique. Jésus rend grâce au Père puis se donne pour la rémission des péchés. Il nous ouvre à sa conscience oblative. Ce n'est ni la force, ni la puissance, ni la possession, mais le don et l'offrande qui élèvent Jésus Christ de terre et qui glorifient l'œuvre du Père en lui.

L'éducation que, par vocation, nous avons à porter au monde, particulièrement aux jeunes, ne peut être qu'ouverture à la liberté ou convocation au bien à accomplir par le désir de communion à Dieu et à l'humus originel, l'homme tel que voulu de toute éternité par Dieu. Notre humus nous le vivons pleinement quand nous l'intégrons avec maman Vierge Marie dans la prière de filiation que Jésus nous révèle :

Notre Père qui es aux cieux,

Que ton Nom soit sanctifié,

Que ton règne vienne,

Que ta volonté soit faite sur la terre comme au ciel.

Donne-nous aujourd'hui notre pain de ce jour.

Pardonne-nous nos offenses

comme nous pardonnons aussi à ceux qui nous ont offensés.

Et ne nous laisse pas entrer en tentation,

Mais délivre-nous du mal.

Car c'est à Toi qu'appartiennent

Le règne, la Puissance et la Gloire

Pour les siècles des siècles.

Amen.

## Table des matières

Printed by Books on Demand GmbH, Norderstedt / Germany